CONDICIÓN HUMANA 20

Libros de Rüdiger Safranski en Tusquets Editores

TIEMPO DE MEMORIA

Un maestro de Alemania
Martin Heidegger y su tiempo

Nietzsche
Biografía de su pensamiento

Schiller
o La invención del idealismo alemán

Schopenhauer
y los años salvajes de la filosofía

Romanticismo
Una odisea del espíritu alemán

Goethe y Schiller
Historia de una amistad

Goethe
La vida como obra de arte

Hölderlin
o el fuego divino de la poesía

CONDICIÓN HUMANA

El mal
El drama de la libertad

Ser único
Un desafío existencial

¿Cuánta verdad necesita el hombre?
Lo que se puede pensar y lo que se puede vivir

ENSAYO

¿Cuánta globalización podemos soportar?

Tiempo
La dimensión temporal y el arte de vivir

FÁBULA

Un maestro de Alemania
Martin Heidegger y su tiempo

El mal
El drama de la libertad

Nietzsche
Biografía de su pensamiento

Romanticismo
Una odisea del espíritu alemán

Rüdiger Safranski

¿CUÁNTA VERDAD NECESITA EL HOMBRE?

Lo que se puede pensar y lo que se puede vivir

Traducción del alemán de Valentín Ugarte

TUSQUETS
EDITORES

Título original: *Wieviel Wahrheit braucht der Mensch?*

1.ª edición: junio de 2013
1.ª edición en esta nueva presentación: septiembre de 2023

Tusquets Editores, S.A. – Avda. Diagonal, 662-664 – 08034 Barcelona
www.tusquetseditores.com
ISBN: 978-84-1107-333-2
Depósito legal: B.13.470-2023
Fotocomposición: Realización Tusquets Editores
Impresión y encuadernación: Unigraf, S.L.
Impreso en España

PEFC
PEFC/14-38-00305
Certificado PEFC
Este libro procede de bosques gestionados de forma sostenible y fuentes controladas
www.pefc.es

El papel utilizado para la impresión de este libro está calificado como papel ecológico y procede de bosques gestionados de manera sostenible.

Índice

Para Gisela Maria

Cuando nos crearon hubo un error; algo se nos amputó, no se me ocurre cómo podemos llamarlo, y tampoco vamos a arrancárselo al vecino de las entrañas, ¿a qué andarse reventando cuerpos? Vamos, ¡si somos unos miserables alquimistas!

GEORG BÜCHNER, *La muerte de Dantón*

Desaparecer en el cuadro

La pregunta por la verdad implica una escisión.

Un ejemplo: sólo puedo preguntarme «¿quién soy yo?» si aún no me conozco lo suficiente, si mi ser y mi conciencia están desunidos, si, en definitiva, estoy separado de mí mismo. Nietzsche supo atrapar esta paradoja en la frase «Llega a ser el que eres».

Para poder dirigirse a uno mismo la pregunta por la verdad hay que estar «fuera de sí». La propia verdad ha de recibirse desde fuera para, finalmente, hacerse con ella y estar en uno mismo como *en casa.* Pero la precaria situación de la búsqueda de la verdad comienza en ese «fuera». Estamos separados de nosotros mismos, y lo que nos separa es la conciencia. La conciencia, que no el ser, es la que pregunta por la verdad y, como nos separa, la experimentamos con dolor: la conciencia nos arrebata la inmediata levedad del ser.

De este dolor originario de la conciencia trata el escrito de Kleist sobre las marionetas. Es esencial a la marioneta manejada con maestría que todos sus movimientos estén llenos de «gracia».

En cambio, cuando el hombre se mueve no comparte esta cualidad. La conciencia lo atormenta constantemente. Por eso se dan los remilgos, la torpeza, el espasmo. Kleist:

> Semejantes torpezas [...] son inevitables desde que comimos del Árbol de la Ciencia. El paraíso está cerrado con siete llaves y el ángel vigila tras nosotros; tenemos que dar la vuelta al mundo para ver si por la parte de atrás, en algún lugar, ha vuelto a abrirse [...]. Así, cuando el conocimiento haya atravesado un infinito, recuperará la gracia... ¿Tenemos entonces que volver a comer del Árbol de la Ciencia para recobrar el estado de inocencia? En cualquier caso [...], ése es el último capítulo de la historia universal.

Ardua tarea la de retornar al estado de inocencia por medio de la conciencia, ya que ésta no sólo nos separa de nosotros mismos, sino también del «mundo», de la naturaleza y de los otros.

Sé demasiado y a la vez demasiado poco de este «mundo».

Sé «demasiado» en la medida en que sé que nos separa una distancia insalvable. Y sé «demasiado poco» en la medida en que aparece ante mí como algo impenetrable, ajeno y hostil.

En un territorio extraño e inquietante es complicado preservar la «inocencia». La inocencia implica despreocupación, pero la amenaza de lo desconocido me alerta.

La «conciencia» no es solamente un modo de conocimiento, es también un modo de libertad. La historia bíblica de la expulsión del paraíso resalta este aspecto emancipador de la conciencia. La fatalidad comienza en el instante en que distingo lo bueno de lo malo y debo optar libremente por uno de los dos. Soy *libre del* ímpetu coercitivo de la naturaleza y *libre para* el autodominio. También esto parece indicar una dolorosa separación: al nacer soy traído al mundo, pero a partir de ese momento, con decisión y firmeza, debo, una y otra vez, guiarme yo mismo. La vida nos es dada, y de ahí en adelante sólo podemos conservarla a condición de que nosotros mismos nos encarguemos de ella. Es una empresa llena de riesgos, pero también de innumerables oportunidades, ya que al quedar desligados ingresamos en lo abierto.

La tradición filosófica denomina a esta desbordante apertura de oportunidades «trascendencia».

La trascendencia nos lleva muy lejos a la par que nos arroja al destierro. De ahí el esfuerzo por transformar lo lejano e impredecible de nuevo en algo familiar, esfuerzo que perdura desde la época de los mitos hasta la de la televisión.

La trascendencia sueña con un mundo en el que no haya nada que temer, donde una unidad plena nos abrace y proteja como en el vientre materno.

El anhelo de unidad ha marcado el rumbo de la metafísica occidental a lo largo de dos mil años; y ha sido siempre el mismo dolor por la pérdida de la incuestionable unidad con lo vivo lo que mantiene despiertas las preguntas metafísicas por el «verdadero mundo» y por la «verdadera vida», interrogantes que además se ven avivados por la presencia de tres seres envidiables.

El hombre ha envidiado al animal por ser pura naturaleza, sin la perturbadora presencia de la conciencia; a Dios por ser puro espíritu exento de la molesta naturaleza, y, por último, a ese animal divino que es el niño. Ha envidiado por tanto su propia infancia, su espontaneidad e inmediatez perdidas. Nuestros recuerdos nos hacen creer que en un tiempo remoto, del mismo modo que nuestra infancia llega a su fin, fuimos expulsados del paraíso.

Casi todos los sueños triunfales en los que dentro y fuera, conciencia y ser, yo y mundo coexisten en mágica unidad se alimentan del repertorio de imágenes de una infancia recordada o imaginada.

Uno de estos relatos oníricos, proveniente de China, cuenta la historia de un pintor que llegó a viejo después de dedicar toda su vida a un único cuadro. Una vez que lo hubo terminado, invitó a los amigos que aún le quedaban para mostrarles su obra: en ella se veía un parque, y entre los prados un estrecho camino que conducía a una casa situada en un alto. Cuando los amigos, listos para dar su opinión, se volvieron hacia el pintor, éste ya no se encontraba junto a ellos. Miraron de nuevo hacia el cuadro: allí estaba él, recorriendo la suave pendiente del camino; abrió la puerta de la casa, se paró un momento, se volvió, sonrió, les dio nuevamente la espalda y cuidadosamente cerró tras de sí la puerta dibujada.

El pintor entra en el cuadro como si de su verdadero hogar se tratara, lo que supone alejarse de los demás. Para los que han quedado atrás esta desaparición equivale a la muerte, aunque la historia relata más bien una llegada, una vuelta a casa, momento feliz del que no se explica una palabra a los que quedan fuera del cuadro. Como mucho, se podría observar la pintura y decirles: ahí, en el cuadro, encontraréis expresado ese gozo.

Podríamos acentuar el motivo de lo indecible en el relato: una vez que desaparece el pintor en su obra, tendría que desaparecer también el cuadro, quedando un vacío, una perfecta ausencia. Si pudiéramos dar marcha atrás al proceso completo, de tal manera que de la nada surgiera el cuadro y del cuadro pudiera salir nuevamente el pintor, ¿qué nos podría contar de lo de ahí dentro?

Estas historias prometen una plenitud, y sin embargo nos dejan sumidos en el vacío. Susurran el misterio de lo más profundo del ser y provocan la sugestión de la verdad de la vida, como si esa verdad fuera inefable, y como si justamente esa inefabilidad fuera superior a todo lo que se puede decir de ella. Es esa oscura y desbordante pérdida del mundo, que a su vez parece provenir de sus propias entrañas, lo que las hace tan seductoras.

Ha llegado el momento de que, de la mano de sus verdaderos y bien conocidos autores, nos adentremos en esa subida al cielo o descenso a los infiernos que supone el viaje al interior del propio cuadro.

Tres afirmaciones de la verdad del yo frente al resto del mundo

Rousseau

Permanecemos en el interior hasta el momento en que nos damos cuenta de ello; y lo descubrimos cuando algo nos muestra que somos parte de lo externo y nos obliga a aceptarlo. El exterior es lo extraño. Hacerse adulto significa que nuestra propia química se mezcla con lo extraño, y que la evidencia de un interior prístino se pierde.

El genio de Jean-Jacques Rousseau no reside en otra cosa que en haber conservado, o redescubierto, con imprevisibles consecuencias para nuestra cultura, esa evidencia del interior, y en haberse enfrentado al exterior con toda su polémica energía; un exterior que en virtud de esta oposición se muestra inevitablemente como el universo de lo ajeno.

En su caso, el momento de la autoapercepción y del descubrimiento de la alteridad de lo externo puede datarse. Él mismo le puso fecha. Se trata de aquel día del verano de 1749 en que Rousseau abandona París para visitar a su amigo Diderot, que con motivo de una despótica orden de arresto había sido encarcelado en la torre de Vincennes. Hojeaba durante el camino un número del *Mercure de France* que llevaba consigo cuando, de pronto, fijó la mirada en el tema que la Academia de Dijon sacaba a concurso para el año siguiente. Rousseau describe este instante en una carta a Malesherbes:

Algo parecido a una repentina inspiración, tal fue la agitación que se apoderó de mí al leer esa pregunta. De un solo golpe mi mente se deslumbró con mil luces; un aluvión de ideas cayó sobre mí con tal violencia que entré en un estado de indescriptible inquietud. Sentí como mi cabeza era atacada por una confusión que rayaba en la embriaguez. Me invadió una fuerte ansiedad, apenas podía respirar y, como ya me era imposible continuar, me dejé caer bajo un árbol. Allí pasé una media hora en tal estado de excitación que, al levantarme, encontré mi chaqueta bañada en lágrimas y ni siquiera había notado que las había derramado. ¡Si al menos hubiese podido conservar un fragmento de lo que bajo aquel árbol vi y sentí! ¡Con qué claridad habría mostrado las contradicciones del sistema social, con qué fuerza habría expuesto los abusos de las instituciones, con qué precisión habría demostrado que el hombre es bueno por naturaleza y que únicamente son esas mismas instituciones las que lo envilecen! Todo lo que de aquellas grandes verdades que bajo el árbol me fueron reveladas he podido sacar a la luz y plasmar en mis principales obras sólo es un débil eco de lo que viví entonces.

En ese momento Rousseau alcanza la certeza de que en él está la verdad, y ahí fuera, la mentira. Llega a la conclusión de que un determinado tipo de socialización ha arrebatado al hombre su verdadero, instintivo e irreflexivo ser. El hombre, en tanto que criatura socializada, ha ingresado en la falsedad. Este proceso comienza cuando los hombres se separan los unos de los otros por su afán de poseer y acumular bienes. Las relaciones de propiedad traen consigo la competitividad, el poder y las jerarquías, las desavenencias universales, la mutua desconfianza, las mascaradas y los embustes; en pocas palabras, la cultura al completo tal y como se erigía ante sus ojos. Pero el deseo de posesión no hubiera surgido sin el *pecado original del conocimiento.* El conocimiento impone unas distancias: el resto de los hombres y la naturaleza se ven degradados a simples medios para la autoafirmación. «El hombre pensante es una bestia degenerada», sostiene Rousseau, llegando a la siguiente conclusión: el pecado original de la conciencia del enfrentamiento, determinada por toda nuestra *enajenada* cultura, sólo puede ser superado por una nueva y hermosa conciencia. Hay que volver a reflexionar sobre esa vida falsa y descubrir al animal puro que habita en ella. Esto es lo que quiere decir Rousseau con su «regreso a la naturaleza».

Esa incitación al «regreso a la naturaleza» no habría tenido el eco que aún hoy conserva si hubiera querido llevarnos a tierras lejanas, como oscuras épocas del pasado, países exóticos o futuros imprevisibles. No, Rousseau se refiere al camino aparentemente más corto de todos: adentraos en vosotros mismos, nos dice a gritos, allí lo encontraréis todo. Rousseau no pretende cargarnos con más sabiduría y erudición; al contrario, nos anima a liberarnos de ese peso. Ninguna verdad nos será revelada hasta que hayamos aprendido el arte del olvido. Somos artistas de la inhibición, por tanto, tenemos que aprender a inhibir la inhibición para que nuestro corazón enmudecido pueda entonces hablar de nuevo:

> ¡Virtud, sublime saber de las almas inocentes! ¿Tanta disposición, tanto esfuerzo son necesarios para conocerte? ¿Acaso no yacen enterrados tus principios en todos los corazones, acaso no basta para conocer tus leyes con volver a nosotros mismos y escuchar la voz de nuestra conciencia...? Ésta es la verdadera filosofía.

La filosofía de Rousseau nos hace una oferta tentadora: podemos huir en este mismo instante de la miseria, *sólo es preciso volver a encontrarnos con nosotros mismos.* La puerta de entrada está aún abierta.

Las filosofías de la alienación posteriores nos remiten a grandes proyectos sociales de *emancipación,* o bien, como en el caso de Adorno, no nos ofrecen nada en absoluto para luego abandonarnos, sin redención posible, en el desconcierto. Por contra, para Rousseau es posible justo lo que Adorno niega: una vida verdadera en la falsedad. La vida individual puede llegar a buen puerto a pesar de que en el entorno social reine el conflicto. Puedo lograrlo si aquí y ahora «vuelvo a mí». Pero ¿adónde va uno cuando vuelve a sí mismo?

Queremos dejar atrás la mentira y alcanzar la verdad. Sin embargo, en ese camino hacia el interior topamos con nuevas bifurcaciones. Ya Montaigne se había hecho eco de ello, y tampoco Rousseau puede sustraerse a esa experiencia. La mismidad en la que buscamos refugio frente a los conflictos, los desvaríos y los engaños no es equiparable en absoluto a una noción del bien que pueda oponerse conscientemente al mal social. Llevado por el deseo de que el bien fuera su verdadera naturaleza, Rousseau ha preestablecido una «naturaleza buena» que a la postre no coincide con su «verdadera naturaleza». El interior está más allá del bien y del mal. Sobre todo hay una cualidad del «bien» que no encontramos en éste: estabilidad y firmeza, *permanencia en la propia identidad.* Es inútil buscar una verdad singular en el interior: la verdad de la mismidad es siempre múltiple.

> Nada hay más distinto a mí que yo mismo, por lo que sería trivial definirme por otra cosa que no fuera esa singular diversidad [...]. A veces soy un firme y cruel misántropo,

> hasta que de nuevo sucumbo a los encantos de la sociedad y a los placeres del amor. Tan pronto soy todo seriedad y piadoso recogimiento como acto seguido me entrego al libertinaje [...]. En pocas palabras, un Proteo, un camaleón, una mujer, son criaturas menos volubles que yo. Esto debería quitar de antemano a los curiosos las esperanzas de llegar a conocer algún día mi carácter, ya que siempre me encontrarán en una determinada disposición de ánimo que rara vez será la mía.

La propia mismidad adquiere un nuevo significado: no es ya un ser tranquilo y permanente donde poder echar el ancla, sino un *acontecer ocasional de carácter discontinuo* que hay que aceptar. La mismidad no le otorga a uno firmeza, sino que lo embarca en un viaje a lo desconocido. Pero ¿dónde queda entonces la certeza del conocimiento de uno mismo y la capacidad de mando que otorga?

Todo conocimiento de uno mismo busca saber *qué* y *quién* soy yo. Ese *qué* y ese *quién* apuntan a un juicio sintético e incluso prospectivo. Pero cuando se trata de un acontecer ocasional de carácter discontinuo, un juicio sintético y prospectivo es imposible.

Si un conocimiento de uno mismo de este tipo es imposible, sólo nos queda una certeza íntima, que puede formularse como sigue: *sé que soy precisamente como soy en este instante.* Esto es menos que conocer *qué* y *quién* soy, pero es más que la sola certeza de que soy.

Para contestar a la pregunta por la verdad del propio ser, Rousseau apunta a la espontaneidad, indeterminable e incapaz de ser sustantivizada, y a la necesidad de experimentarla. La verdad se ha replegado en sí misma y se ha mantenido al margen de las convenciones sociales de carácter externo, por lo que hay que hacer que vuelva a salir de sí misma mediante la espontaneidad. La mismidad henchida de espontaneidad tiene que romper la red de falsedades de la sociedad al menos en alguno de sus nudos y hacer que emerja siquiera un pequeño islote de verdad. Rousseau se preocupará por dar a conocer estas «verdades». De ahí su obsesión por publicar. A partir de este momento, la gran pasión de Rousseau será que sus «instantes de verdadero sentimiento» vean la luz.

No obstante, Rousseau es consciente de que en la feria de las vanidades la verdad también puede envanecerse, de que en el reino de la autoafirmación la verdadera mismidad puede tornarse mera impostura. Esto guarda relación con el carácter social del lenguaje. El lenguaje es un medio público. En él y con él también se lucha por el poder y la autoridad sociales. Él puede ocultar la «verdad» y despistar a aquellos que la buscan. El lenguaje, según Rousseau, no es más que un sistema de *signos* que nunca pueden llegar a ser idénticos a su *referente*. Precisamente porque Rousseau busca enérgicamente la verdad en la inmediatez de la vida, y porque pretende hacer comunicable dicha inmediatez, choca con los límites del lenguaje. Con su desbordante elocuencia Rousseau persigue hacer comprensible lo siguiente: los límites del lenguaje no son los límites de mi mundo. Lo que pretende es ir con el lenguaje más allá de lo lingüísticamente comunicable; de ahí sus constantes alusiones a lo indecible del corazón.

Rousseau hace suyo el célebre tópico *individuum est ineffabile*, «El individuo es inefable». Mientras nos abruma con sus palabras nos está rogando que escuchemos el silencio que las acompaña. Nos insta, y también se insta a sí mismo, a no sucumbir ante el poder de sugestión de la lógica del lenguaje, que constantemente establece relaciones e impone regularidades que no se dan en la realidad, ya que ésta se reduce a algunos instantes en esa serie discontinua de aconteceres que es nuestra vida interior.

Del total de esos aconteceres Rousseau extrae algunos momentos, momentos extraordinarios que le permiten decirnos: mirad, aquí encontraréis los instantes que nos conducen a lo más profundo del ser, de mi ser y del ser en términos generales. Hay momentos —así nos lo hace saber— en los que yo mismo participo de tan profundo misterio. Pero para experimentarlos he tenido que separarme de vosotros; y ahora que los he vivido, os los dejo en el corazón para que los hagáis vuestros.

Estos momentos tan significativos del verdadero sentimiento pueden denominarse los momentos de la *gran comunión.*

La gran comunión

La gran comunión es el instante en el que lo exterior se derrite ante el sol del interior o, si se prefiere, en el que todo lo externo se transforma en un resplandeciente interior. Sea como fuere, ambas experiencias acaban en el mismo resultado: la disolución de la barrera que separa interior y exterior. Quien no haya vivido este momento, y precisamente por esta razón, tan sólo puede imaginárselo. Semejante experiencia de unidad se resume en la desaparición de todo lo que se nos presenta como ajeno, encontrado, opuesto, inquietante. Una vivencia como ésta puede ser de carácter expansivo, un propagarse en la naturaleza que la convierte en algo profundamente familiar. En la tercera carta de 1762 a Malesherbes, escribe Rousseau:

> Iba con paso tranquilo en busca de un lugar salvaje en el bosque, un paraje abandonado donde nada que mostrara

> la mano del hombre pudiera anunciarme la servidumbre y la dominación, un refugio donde pudiese creer que era el primero en entrar y donde *ningún tercero inoportuno viniese a interponerse entre la naturaleza y yo.*[1] Una nueva magnificencia parecía desplegarse ante mis ojos [...]. Luego, mi espíritu se perdió en esa inmensidad [...]. Creo que, de haber desvelado todos los misterios de la naturaleza, no me habría sentido en un estado tan delicioso como aquel éxtasis aturdidor [...], que en la agitación de mi arrebato me hacía exclamar de tanto en tanto: «¡Oh, gran ser!, ¡oh, gran ser!», sin poder decir ni pensar nada más.

Al no deslizarse ningún «tercero» entre la naturaleza y él, puede tener lugar su unión con el «gran ser»; a través del «éxtasis aturdidor» llega a formar parte del gran ser, se pierde en él.

En otras ocasiones sucede a la inversa: se trata de llegar a encerrar en uno mismo la plenitud del ser, para, como Dios, recrearse en el sentimiento de la total autosatisfacción. En esos instantes no sólo no está presente el inoportuno «tercero», también el «segundo», el que está enfrente, sea la naturaleza o sea Dios, es absorbido por el «primero», por la propia mismidad. La experiencia es contractiva, se resume en el deleite de la mismidad. Se quebranta el perturbador poder del mundo exterior, que justamente deja de ser exterior.

> Hay un estado en el que el alma adopta una disposición lo suficientemente estable como para lograr el descanso y recogerse, sin necesidad de volver la vista al pasado ni adelantarse al futuro, en el que el tiempo da igual, en el que el

1. Todos los subrayados dentro de los textos citados son de Rüdiger Safranski. *(N. del E.)*

> instante se prolonga sin tener que padecer el peso de su duración [...], en el que todo se reduce al sentimiento de nuestra existencia, sentimiento que agota el presente: mientras dura este estado el que se encuentra en él puede llamarse feliz [...], ya que la felicidad más grande es no tener que llenar ningún vacío del alma. A menudo me he encontrado en ese estado, en compañía de mis fantasías de solitario, en la isla de San Pedro, tendido en mi barca y abandonado a las olas, o bien sentado junto al mar inquieto, o a orillas de un bello riachuelo o de un arroyo que corre murmurando sobre su lecho.
>
> ¿Y de qué se goza en ese estado? De nada, pues el exterior es como si fuera nosotros mismos; de nada salvo de nosotros y de nuestra propia existencia, y el tiempo que dura uno está, al igual que Dios, satisfecho consigo mismo.

Esa autosatisfacción es un modo de fusión con uno mismo, una comunión íntima, un sentimiento exaltado de autoposesión.

Pero aún hay para Rousseau una forma más radical de ensimismamiento ocasional en la que incluso puede llegar a desaparecer la sensación del propio yo. Una unión con uno mismo sin resto alguno de autoconciencia reflexiva, en la que lo resultante es el hecho *puro*.

Valga como ejemplo lo que nos cuenta de un singular incidente. Un dogo se arrojó sobre él. Al intentar zafarse saltó a un lado, perdiendo luego la conciencia. Lo sucedido al despertar lo describe como sigue:

> Pude ver el cielo, alguna estrella y un poco de vegetación. La primera sensación fue placentera [...]. No recordaba nada en absoluto del momento presente, no tenía un concepto claro de mi individualidad, ni la más mínima idea de lo que me había sucedido, no sabía quién era ni dónde

estaba, no sentía dolor ni miedo ni inquietud. Veía correr mi sangre como quien ve correr un arroyo, sin reparar en que la sangre era mía. Sentía en todo mi ser una paz dichosa que, cuando me viene a la memoria, se me hace incomparable a todos los placeres que conozco.

En toda relación con uno mismo en la que el yo no está presente, en cada sensación en la que el que la tiene desaparece, se alcanza el punto álgido de la gran comunión, el instante de la verdadera sensación. En la primera escena la felicidad se lograba cuando ningún «tercero» se interponía entre la naturaleza y la mismidad; en la segunda, cuando nada era obstáculo para la autosatisfacción; y la felicidad de la tercera escena, la felicidad plena, reside en no reconocer ya esa mismidad que cabría suponer como sujeto paciente de tal dicha. *Éste es el punto culminante del ser interior.* Sólo el lenguaje que empleamos para describirlo introduce un resto irreductible de exterioridad, una exterioridad que, sin embargo, no se daba en ese momento. Dicho de otro modo: la propia dinámica de ejecución del ensimismamiento desemboca en el olvido del yo. Hay por tanto sensaciones que no van acompañadas de la representación del «yo soy quien siente». En ese momento del ser interior finaliza el drama de la división entre dentro y fuera, ya que, en sentido estricto, no cabe hablar ya de un «ser interior», porque si la conciencia del yo desaparece, desaparece también la conciencia del no-yo, y con ella la conciencia de la exterioridad. Cuando estas sensaciones tienen lugar, la disyuntiva entre dentro y fuera carece de sentido.

Esta experiencia, no tan misteriosa, de la pérdida de la conciencia del yo volverá a aparecer en la historia del pensamiento filosófico después de la filosofía trascendental y la filosofía de la identidad, ambas iniciadas por

Kant, donde todo arranca del «yo pienso» o del «yo siento», cuestión que como hemos visto ya había alcanzado su apogeo tiempo atrás. Esto ocurrirá aproximadamente a finales del siglo XIX.

En la misma línea que Rousseau, Ernst Mach se ocupará de las «sensaciones puras». Este filósofo, contrario a todo idealismo, describirá al igual que Rousseau la gran comunión con el mundo, con la consiguiente desaparición del yo: «Una tarde de verano, al aire libre, el mundo y mi propio yo se me aparecieron como *una* masa compacta de sensaciones...».

Mach, permanente modelo filosófico de Albert Einstein, pretende también superar la dolorosa separación entre dentro y fuera, y no por medio de un acto de pensamiento, sino reparando, como Rousseau, en una sensación que puede tener cualquiera, y que se resiste pertinazmente a ser teorizada. Es la sensación en la que «el yo, en el instante más afortunado, desaparece parcial o totalmente» (Ernst Mach).

Volvamos a Rousseau. En esos momentos del verdadero sentimiento la otrora relación binaria se reduce a *pura* mismidad o a *pura* naturaleza. Dichos momentos tienen lugar al margen de la presión de las convenciones del mundo de los otros, es decir, de la sociedad. Sin embargo, en Rousseau se da el deseo de comunicar esas vivencias, de compartirlas con los demás, lo cual sólo es posible si los otros dejan a un lado su alteridad y aceptan la invitación a entrar en el interior de Jean-Jacques. Lo que intenta, colegimos de su lectura, es que el texto, el conjunto de signos, «arda» (Starobinski) con igual intensidad en los sentimientos del escritor y del lector. Con otras palabras: Rousseau exige nada menos que la empatía del amor.

La comunicación es para él la forma de lograr que dos se vuelvan uno: un corazón y un alma.

Rousseau intenta llevar a cabo en el acto comunicativo su concepción del «verdadero ser social», que sólo puede imaginar conforme al modelo de la gran comunión.

En su opinión, la gran comunión con los otros sólo puede acontecer con una condición: el cuerpo, ese abismo entre el yo y el tú, la alteridad por antonomasia, tiene que dejar de ser relevante.

El cuerpo, el propio y el ajeno, es para Rousseau una persistente e impenetrable exterioridad en la que rebotan los anhelos de unidad. En sus *Confesiones* narra una vivencia que resulta determinante para comprender sus afirmaciones. Se encontraba seduciendo a una muchacha cuando:

> A punto de perder el juicio, acariciaba un pecho que parecía no haber sido tocado hasta entonces por mano o boca de hombre alguno, cuando, de pronto, me di cuenta de que a uno de sus senos le faltaba el pezón. Sospeché, quise comprobar, creí ver que ese pecho no era como el otro. Me devané los sesos pensando cómo se podía tener un seno sin pezón, y, convencido de que era debido a una terrible tara congénita, tras darle mil vueltas a esa idea, vi claro como el día que la persona más deseable que podía imaginar, y que en ese momento se hallaba entre mis brazos, era un *monstruo*.

No es necesario que al cuerpo le falte un pezón para poder demostrar su reactiva impenetrabilidad. No sólo Zulietta, la muchacha sin pezón, se convierte en un «monstruo»: todo lo externo, lo que el mundo corpóreo opone al deseo de unidad, es monstruoso. Por eso Rousseau, al igual que más tarde Kafka, se distanciará de sus amadas *para poder escribir sobre ellas*.

Rousseau experimenta la escritura como una unión «pura» porque se produce en su reino. La comunión del amor es para él un acto soberano de su imaginación. «No se puede precisar», escribe, «hasta qué punto soy capaz de entusiasmarme por una criatura imaginada.» Y cuando quien le entusiasma no es imaginario sino real, no hay ninguna diferencia, pues es únicamente su imaginación la que descubre en esa persona de carne y hueso aquello que es digno de su entusiasmo. El amor y la amistad equivalen en Rousseau al afán de encontrarse a sí mismo en los otros. Él lo llama perfecta nitidez, transparencia.

Reparemos en esa imagen: lo totalmente transparente equivale a la nada. Puede que tenga una suerte de «materia», pero no opone resistencia alguna a que la luz lo atraviese.

El *tú* totalmente transparente no impide que pase la luz que procede de mí, y por ello deja de ser un *tú,* ya que todo *tú* es otro arrogante mundo con el que no es posible la unión sin restricciones. Semejante anhelo de unidad niega la realidad del otro y lo vuelve igual a mí, aunque sólo sea en mi vivencia. Esto puede funcionar un tiempo, pero tarde o temprano la alteridad del otro se zafará con violencia de las imágenes en las que mi anhelo de unidad la ha encerrado. Entonces se produce un torturante ir y venir entre la gran comunión y una profunda enemistad, entre el eufórico sentimiento de unidad y la más intensa desconfianza.

La gran comunión es una expansión del propio ser en el mundo de los otros que conlleva el intento de eliminar la alteridad de éstos. La mismidad, que ambiciona la comunión, está abocada a la derrota, ya que el otro siempre hará valer su alteridad, lo cual será vivido por esa menesterosa mismidad como un catastrófico atentado contra la deseada comunión. El mundo de armonía imaginado se transforma repentinamente en un mundo plagado de hostilidad. Éste fue el destino real de Rousseau, que en las postrimerías de su vida se sintió sitiado y perseguido por intrigas y monstruos.

El duodécimo y último libro de las *Confesiones,* en el que encontramos un informe del exilio en Suiza de un Rousseau ya en la cincuentena, contiene frases desesperadas:

> He aquí la obra de las tinieblas en las que desde hace ocho años me hallo inmerso, incapaz, a pesar de todos mis esfuerzos, de atravesar la espantosa oscuridad. En el abismo del sufrimiento donde caí, percibo los golpes que fueron dirigidos contra mí, y veo incluso el instrumento del que se sirvieron. Pero no puedo ver la mano que lo gobierna ni los medios que emplea.

Mientras que en su vida personal Rousseau se interna cada vez más en la noche de la desconfianza y la discordia, hace extensibles sus fantasías de la gran comunión al conjunto de la sociedad. Y es que no podía ser de otra forma, porque el deseo de ser uno mismo, de unidad y de transparencia no puede aceptar límite alguno, ya que todo límite supone un peligro: lo que no puedo atravesar terminará por atravesarme a mí.

La sociedad debe transformarse, sueña Rousseau, en una *comunidad* alentada por la simpatía y por una voluntad común. La voluntad general *(volonté générale)* hace posible el ideal de una sociedad transparente. La voluntad general no es la suma abstracta de las inclinaciones de los individuos, o la voluntad mayoritaria según las estadísticas, sino algo más fundamental: es una razón, una virtud de carácter social que nos mantiene a todos unidos al ser coincidente con los principios de cualquiera. De llegar a realizarse, todos nos sentiríamos iguales, y por tanto perfectamente transparentes.

Al igual que en el amor y en la amistad, tampoco hay lugar para la alteridad de los otros en la utopía social. El ser de los otros es una exterioridad impenetrable, por lo que la gran comunión social tiene que absorberlo con el fin de que en el orden social gobierne una sola voz.

El peligro que este fantasma alberga nos es de sobra conocido desde que Robespierre, en nombre de la *volonté générale* de Rousseau, pusiera en práctica el terror de la virtud.

El anhelo de unidad no soporta ninguna exterioridad y, por tanto, ninguna divergencia. Por ello, cuando se aplica en política conduce inexorablemente a las cadenas del totalitarismo.

Miedo a la libertad de los otros

Rousseau fue tan consciente como el que más de la imposibilidad de conocer nuestro propio interior. Esto lo llevó a centrar su atención en esa otra facultad de nuestro ser que hace posible la rebelión contra cualquier tipo de opresión: la libertad.

Rousseau reflexionó sobre la libertad como si de un misterio se tratara. Hizo uso práctico de ella, pero finalmente ni siquiera ella lo ayudó a superar sus temores a la hostilidad del mundo. Es más, ella contribuyó a reforzar sus miedos, por la sencilla razón de que *ahí fuera opera la libertad de los otros*.

Pero tratemos en primer lugar la gratificante experiencia de la propia libertad.

Todas las formas de gran comunión hasta ahora mencionadas pertenecen a la dimensión de la «sensación». Tienen un rasgo pasivo: *yo las padezco*. Encierran en sí un dejarse llevar, un embriagador ser arrastrado, una «seductora dejadez», dice Rousseau.

Esa inmediatez de la sensación es desafiada por la muy distinta inmediatez de la libertad. Ésta es espontaneidad, voluntad. Rousseau nos muestra los misterios e incógnitas que yacen ocultos en esta dimensión de nuestro interior. Y es que, de hecho, están «ocultos», ya que para la libertad rige lo mismo que para la «sensación»: hay que volver a descubrirla para dar con ella. La libertad es la capacidad de *poder empezar de nuevo* a cada instante. Que yo quiera responsabilizar a la causalidad externa de lo que estoy haciendo *ahora mismo* no cambia nada: la situación *permanece* abierta, y yo puedo y debo decidir libremente qué hacer. Es probable que con cada acto de libertad una nueva cadena determinativa de causas y efectos se active, pero también es seguro que con cada acto de libertad una cadena de determinaciones se rompe.

Tan embriagadora es para Rousseau la espontaneidad de la libertad que llega a extrapolarla a sus ideas de Dios y del principio del mundo. A la pregunta de si es posible pensar el inicio del mundo, responde audaz: *puede pensarse tal principio, dado que nosotros mismos a cada momento estamos empezando de nuevo.* Rousseau ha sopesado como nadie antes que él esa *capacidad regenerativa* de nuestro ser. La libertad nos arroja a lo abierto. No estamos confinados sencillamente en un ser, sino que tenemos que ir produciendo, por medio de nuestra libre espontaneidad, un nuevo ser impredecible. Podemos y debemos actuar, y con nuestras acciones dejar que se despliegue el ser, ya sea hacia el bien o hacia el mal.

La libertad tiene algo contagioso. Tan pronto como fijamos nuestra atención en ella se nos aparece por todas partes. Rousseau la descubre en cada acto de percepción. No sólo recibimos pasivamente impresiones sensitivas. De ser así, nos muestra Rousseau, lo que vemos y lo que tocamos podría, por ejemplo, dar como resultado dos objetos distintos. La producción activa del yo, el «libre» juego de la imaginación, concilia las impresiones captadas por nuestros sentidos, de modo que cobra forma en nuestro espíritu un «objeto».

Por medio de la sensación percibimos el mundo, por medio de la libertad lo conformamos.

Gracias a la libertad se obtiene una mismidad que no se deja encerrar en ningún interior, sino que sale a la luz. La libertad convierte las *afecciones* del alma en *acciones.*

El anhelo de la gran comunión era un deseo de estar con uno mismo en feliz paz y unidad en el que nada ajeno podía darse.

En cambio, la libertad es un movimiento contrario a la calma que nos impulsa hacia lo ajeno. En un mundo que ya está en marcha, comienzo yo mi singladura provocando un cambio en mí y en los otros. La libertad me permite actuar, y actuando, me muevo en una exterioridad. De este modo pierdo la inactiva pureza de mi ser interior. Mi actuar tiene consecuencias imprevistas. Provoca malentendidos y reacciones que, sin haberlos deseado, me determinan. A partir de cierto punto mis acciones ya no me pertenecen. Pasan a ser realidades sociales. Se entrecruzan con las infinitas cadenas de acciones de otros muchos, conformando una realidad en la que ningún interés individual predomina y en la que nadie puede reconocerse como único autor. ¿Cómo no va a dar miedo este actuar y, por extensión, la libertad?

Rousseau sabe muy bien que contra el miedo a la libertad el único remedio es la libertad misma. Ella es la causa de nuestras acciones, a la par que nos protege de quedar enterrados bajo el peso de las acciones pasadas, convertidas ya en una fuerza externa. Se nos presenta por tanto como la capacidad de poder empezar siempre de nuevo, como la capacidad de transformarnos espontáneamente. La libertad es nuestra naturaleza proteica.

La libertad también nos impide confundir la mismidad con la forma concreta que en cada caso adopta la autorrealización. Desde la perspectiva de la libertad, la mismidad sólo existe en forma de posibilidad.

Rousseau, en sus momentos de soledad, era un maestro en el arte de concebir su mismidad como una plenitud de posibilidades y de llegar además a disfrutar con esa idea.

Tuvo, incluso, el valor de salir de sí mismo mediante la libertad para mezclarse con el mundo y hacer realidad sus posibilidades.

Pero como era consciente de que la propia libertad es incognoscible e indeterminable, no podía pasarle inadvertido, sin que por ello dejara de hacer uso de ella para salir *afuera,* que en ese exterior donde actúan las libertades de otros muchos reinan, del mismo modo que en su interior, el desconocimiento y la indeterminación. Y éste es el doblez de la cuestión: el disfrute de la propia libertad se vuelve miedo a la libertad de los otros, miedo por el que el mundo de fuera se torna impenetrable e ininteligible. Como yo me siento un ser libre, capaz de empezar siempre de nuevo y de pasar por encima de todo tipo de consecuencias, reglas, normas y cálculos, sé perfectamente que los otros también lo pueden hacer. De este modo desaparecen la transparencia y penetrabilidad del mundo, y se abre la posibilidad de que me caigan rayos provenientes del cielo despejado de la espontaneidad de los otros.

Desde estos parámetros el ideal de la transparencia cobra pleno sentido: si sueño con que tú y yo, o incluso la sociedad al completo, lleguemos a tener «un solo corazón y una sola alma», he de temer las inquietantes libertades ajenas, el caos de la espontaneidad de ahí fuera, y he de desear por tanto que haya una sola y gran libertad en la que todos coincidamos.

Una sola y gran libertad... ¿cuál podría ser? Solamente alguna que conozca bien, y tan sólo conozco una: la mía.

Ni el anhelo de la gran comunión ni el de descubrir el misterio de la libertad pudieron evitar que Rousseau finalmente se replegara en sí mismo.

Sufre por estar rodeado de enemigos y no saber por qué. Su *libertad para* actuar se torna *libertad de* actuar. Lo ajeno distante de ahí fuera se vuelve aún más distante. Pero ha encontrado su asilo particular en un mundo que se muestra ante él como una jungla llena de peligros. Da largos paseos, se pierde en sus ensoñaciones, toma notas y estudia botánica. En cualquier caso, pasa el tiempo solo.

> Jean-Jacques se sentaba junto a la mesa con su gorra blanca y tomaba notas. Junto a él había una espineta en la que de cuando en cuando intentaba tocar un aria. Dos camas pequeñas, una cómoda, una mesa y algunas sillas constituían todo el mobiliario. Su mujer se sentaba junto a la ventana y cosía. El canario cantaba en su jaula. Los gorriones venían a comer migas de pan al alféizar de las ventanas abiertas. En toda la casita se respiraba pureza, paz y sencillez.

Rousseau va camino de desaparecer en sí mismo.

El 5 de febrero de 1801, a los veinticuatro años de edad, Heinrich von Kleist escribe a su hermana:

> Ay, querida Ulrike, no encajo entre los hombres. Es triste reconocerlo, pero es cierto [...]. Con todo, que no me sienta bien en sociedad no se debe tanto a los otros como a que no consigo mostrarme tal y como quisiera. La exigencia de interpretar un papel y la repugnancia interior que esto me provoca hacen que cualquier trato social me resulte insoportable, *y que sólo pueda ser feliz en compañía de mí mismo, ya que es allí donde puede aflorar mi verdadero ser,* lo cual no es posible entre los hombres...

Sus palabras contienen, a pesar de la autocrítica, un marcado tono de reproche: la sociedad mantiene oculto el *verdadero* ser, se lamenta Kleist, fiel al espíritu de Rousseau. Si bien, al contrario que éste, se ve acosado por un constante dudar de sí mismo. ¿Es realmente la sociedad el único factor que le impide *mostrarse* tal y como es?

Kleist alude a su «inexplicable timidez», que «probablemente tenga una causa física». Su propio aspecto físico le convierte en un hombre apocado: baja estatura, cabeza grande y redonda, cara mofletuda; sus contemporáneos cuentan que Kleist se sonrojaba fácilmente y empezaba a tartamudear cuando tenía que hablar en público. A menudo parecía estar ausente para luego seguir hablando sin interrupciones hasta que una nueva dificultad —un gesto de asombro, una falta de atención, un portazo— volvía a dejarle mudo; o hablaba con la mayor de las intensidades o no podía decir una palabra. De ahí esa característica falta de aliento que tanto marca su poesía, la cual está dominada por una consecuencia anticipada, por una angustiosa prisa fruto tal vez del temor a perder el hilo y con él el resto, a que todo contenido se diluya en el vacío.

Pero Kleist no se da por satisfecho con la mera referencia a su «timidez».

No está en absoluto seguro de la valía de su interioridad: vacila. El hecho de que su interior no esté incardinado en las «creencias, intereses, deseos, esperanzas y opiniones» de los otros es, a veces, el garante de su incuestionable y única validez, pero en otras ocasiones ese interior propio, escondido y atenazado no le inspira más que asco.

Kleist, en la ya citada carta de 1801:

> Existe una dolorosa clarividencia que afortunadamente la naturaleza no otorga a muchos hombres [...]. *Ella hace que me vea a mí mismo miserablemente despojado de todo, y ante esa desnudez mi corazón sólo puede sentir repugnancia...*

El único antídoto contra el dudar de uno mismo es el olvido. «Mis momentos más felices son aquellos en los que logro olvidarme de mí mismo», escribe. Pero desgraciadamente no se puede olvidar a voluntad, por lo que solamente queda el anhelo de inmediatez, el deseo de un ser que, inocente, repose en sí mismo por no estar aún, o por no estar ya, sometido a la obligación de tener que comprenderse. Estamos ante el viejo sueño del paraíso, de donde fuimos expulsados al comer del Árbol de la Ciencia.

En su obra soñará con la manera de lograr la inocencia del paraíso pese a la constante perpetración del *pecado original.* Sin embargo, en su vida la pérdida de la inmediatez le resultará irreparable. La grieta que separa el interior del exterior permanece abierta, y Kleist oscila entre el asco y la enfática identificación consigo mismo, vaivén que hace que «una inquietud, una angustia» se apodere de él: el mareo de la mismidad amenazada.

Las últimas investigaciones en torno a Kleist sostienen que su homosexualidad, inhibida por miedo a la marginación social, contribuyó de manera decisiva a su inseguridad y autorrechazo.

En cualquier caso, es llamativo que ya apareciera la idea del suicidio en su primera amistad de tintes homosexuales con su primo Carl Otto von Pannwitz. Ambos se prometen poner juntos fin a su vida si algo «indigno» los obligara a ello.

También le expresa a su amigo del alma Ernst von Pfuel el deseo de morir juntos, y precisamente en la carta en que le declara su amor: «Habría podido dormir contigo; tú, que traes a mi corazón la época de los griegos, querido muchacho».

Parece ser que en Kleist la homosexualidad y el deseo masoquista de recibir un castigo, contenido en la pulsión de muerte, están estrechamente unidos. Kleist ha fantaseado al respecto en su producción literaria. En su primera pieza teatral, *La familia Schroffenstein,* encontramos una escena de amor con desenlace fatal: en un lugar apartado que va a ser testigo de su amor, el joven y la muchacha intercambian sus vestidos, y entonces sus respectivos padres, enemigos a la par que parientes, caen sobre ellos. Cada uno quiere matar al hijo del otro, pero por causa del intercambio de ropa matan «por error» al propio. Ambos son asesinados antes de consumar el acto amoroso. La preparación para el coito significa la transformación de ambos en el sexo del otro. El joven conoce el peligro de muerte que los acecha. Da la impresión de que ese mismo peligro aviva la llama de su amor, y de que intercambiar los ropajes, es decir, transformarse en mujer, es lo que le provoca el mayor placer, un placer por el que él y su amada resultan castigados por igual. Castigados por el universo de los progenitores, que fungen en la trama de verdugos. Todo es tan obvio que cuando Kleist leyó la obra a sus amigos no pudieron hacer otra cosa que llorar de risa, y él, uniéndose finalmente a esas risas, decidió publicarla, no sin antes encargar a su hermana que ningún pariente llegara a leerla.

Por el momento podemos dejar en suspenso la cuestión de si la homosexualidad es el factor decisivo para explicar las inseguridades y las fobias de Kleist. Lo seguro es que el sufrimiento que le suponía ser como era le impidió durante mucho tiempo renunciar a un apoyo externo frente a su precario interior.

Hasta el año 1799 la carrera militar le proporcionó ese apoyo. Con motivo de la llamada a filas de los Junkers, la familia lo alistó en los cadetes de Prusia. Sin embargo, ya a los diecisiete años vive este apoyo externo como un martirio. En 1794 escribe en una carta con respecto a la campaña de la coalición contra la Francia revolucionaria: «Sólo le pido al cielo que nos dé paz para poder compensar con acciones humanitarias este tiempo en el que de manera tan inmoral nos dedicamos a matar».

Cuando en 1799, en contra de la voluntad de sus familiares, abandona la carrera militar, cuenta al que antaño fuera su tutor cómo se vio obligado a dejar un cargo «en el que constantemente tenía que optar entre obrar como un hombre o como un oficial, ya que, teniendo en cuenta el estado actual del Ejército, estimo imposible compatibilizar las obligaciones que ambas facetas conllevan».

Kleist abandona el Ejército guiado por el deseo de cumplir con sus «deberes en tanto que hombre». No se trata aquí de satisfacer un «deseo íntimo del corazón», sino de honrar a la «humanidad» en sí. El «corazón» le aconseja no dar todavía ese paso, pero puede más el deseo de plegarse a la «generalidad» que su situación particular.

Kleist buscará protección en las populares ideas ilustradas del perfeccionamiento de la virtud y la razón propias. En mayo de 1799 traza un «plan de vida» con el que atenerse rigurosamente a estos preceptos. Por esas fechas escribe a Ulrike:

> Un hombre libre de obra y pensamiento no puede dejarse arrastrar por su sino [...]. Siente que puede sobreponerse a su destino [...]. Proyecta su propio plan de vida [...]. Un rasgo hermoso que distingue a este hombre, caracterizado por regirse conforme a sólidos principios, es la firmeza, coherencia y unidad de sus actos. La alta meta que lo impulsa es el móvil de todos sus pensamientos, sentimientos y acciones. Todo lo que piensa, siente y desea guarda relación con esa meta, todas las fuerzas de su cuerpo y alma persiguen ese objetivo común. Ni sus palabras contradicen sus acciones, ni sus acciones sus palabras.

A la *coacción externa* que había experimentado al ser alistado en el Ejército, Kleist opone la *autonomía;* al *control ajeno* al que allí fue sometido, el *autodominio;* a la dependencia con respecto al *azar* y al *destino,* el *plan* de la propia razón; al *desperdicio* del tiempo de la vida, su libre *aprovechamiento;* al *dejarse llevar,* el trabajo del *propio perfeccionamiento.* El optimismo teleológico de este programa debe servir como blindaje contra las vacilaciones e inseguridades del interior, debe hacerlo emerger de los oscuros sentimientos de la pérdida del sentido.

Incluso antes de contar con una obra literaria, Kleist quiere hacer de su propia vida una *obra* cerrada, inmune a las irrupciones del sinsentido y de la casualidad. De ahora en adelante tiene que valer el «Soy tal y como yo mismo me he hecho».

El indicio de la pérdida del sentido es la casualidad. El ambicioso plan de vida de Kleist pretende abolir el azar. En cambio, su propia vida es algo que «le ha caído en suerte». Sus progenitores, prematuramente fallecidos, lo cargaron con la hipoteca de tener que vivir. Por si fuera poco, le ha tocado un cuerpo que no es precisamente de su agrado; incluso las pasiones que afectan a su corazón resultan *azarosas*. Todos estos factores son casualidades que lo sitúan en algo que ya ha empezado. No obstante, él pretende recuperar la iniciativa. Quiere empezar por sí mismo, comenzar de nuevo, para lo cual debe poner fin a todo aquello que ha preestablecido su punto de partida. Su plan de vida es un programa contra ese escandaloso punto de partida azaroso. Kleist desea lo mismo que con posterioridad perseguirá el existencialismo sartriano: llegar a ser él mismo aquel poder al que se sabe sometido. Una vez dado el inicio que le *permite ser,* establece un segundo comienzo en el que el ciego e inercial *ser* es sustituido por el consciente e intencionado *hacer.*

Su plan de vida está alentado por el espíritu del hacer, al que también pertenece la enérgica voluntad de autoexplotación, que tiene como meta sacar de sí el mayor rendimiento posible. Al respecto escribe a Ulrike: «Me he fijado una meta que para ser conseguida exige el empleo de todas mis fuerzas y de cada minuto de mi tiempo». Ese «plan de vida» es el intento de acotar las vicisitudes del *interior* en una razón *objetiva* que dé la posibilidad de determinar la propia vida. Con el *hacer* pretende llevar a cabo lo que la razón le dicte. En ese proyecto incluye asimismo a su prometida. De ella también quiere *hacer* algo. Nada menos que su obra maestra: «Sí, Wilhelmine, si me dejaras hacer de ti la esposa que deseo para mí y la madre que deseo para mis hijos...».

Pero los principios de su plan de vida, «firmeza, coherencia y unidad», son principios meramente formales. ¿Qué material, qué materia viva les da cuerpo?

Kleist pretende que el saber, que las verdades de la ciencia sean la materia de su vida. Las leyes de su vida han de equipararse a las leyes de la ciencia. Precisamente tomará como modelo las matemáticas y las ciencias de la naturaleza, es decir, aquellas disciplinas científicas que se rigen por una estricta regularidad. Las regularidades que registra o cree registrar «fuera» —en la naturaleza, en la historia— le ofrecen, fiel al estilo del siglo XVIII, las claves, orientaciones y analogías para responder a la pregunta acerca de la vida recta. El interés que lo une a las ciencias no es de carácter técnico-práctico sino moral. Cuando la dimensión técnico-práctica se postula como el principal objetivo de las ciencias, Kleist muestra su rechazo. Con ese tipo de *objetividad* no quiere tener nada que ver. El hombre de nuestro interior se vería reducido miserablemente si la ciencia se empleara como mero instrumento de lucro, fomento de la propia carrera o de la eficacia técnica. Siendo meritorio en una diputación gubernamental técnica de Berlín, en el verano de 1800, llenaba de asombro a sus superiores cuando a la pregunta por el «efecto» de una determinada máquina respondía con la explicación de su funcionamiento y de la ley física que subyace a éste, y no con lo que ellos deseaban oír, a saber, el posible beneficio económico. La exigencia de amoldar su sabiduría a los requerimientos de una diputación civil, la forzosa especialización de sus conocimientos, es demasiado para Kleist, que ve tambalearse ese plan de vida suyo sustentado en el significado moral de la ciencia. Pero la principal causa del derrumbamiento del armazón de su plan será aquella crisis de la que el propio Kleist hace responsable a su lectura de Kant.

Kant, afirma Kleist, ha minado su confianza en la razón. Kant ha demostrado que sólo podemos acceder a las cosas a través de la lente de nuestra subjetividad, y que en consecuencia no puede darse ninguna verdad objetiva. Claramente estamos ante una interpretación errónea de la filosofía kantiana, ya que Kant estaba muy lejos de reducir el mundo objetivo a un mero producto de nuestra imaginación. Tampoco pretendía en absoluto destruir las certezas metafísicas relevantes para la moral, sino tan sólo negar que puedan alcanzarse por medio de la razón teórica. En lo que respecta a la orientación metafísico-moral, es preferible, nos dice Kant, fiarse de la intuición de la conciencia. Pero lo que Kleist buscaba en la razón era precisamente esa seguridad metafísico-moral, y por eso el efecto que en él produjo Kant fue «aniquilador». La filosofía de Kant no era en absoluto una filosofía de la desesperación, y, sin embargo, así la entendió Kleist. «Confundido por las frases de una filosofía desoladora, incapaz de ocuparme de mí mismo, incapaz de hacer nada», así describe Kleist el estado en que lo dejó la lectura de Kant el 21 de julio de 1801. Su plan de vida, asentado en el poder soteriológico del saber, que debía dar a la vida «firmeza, coherencia y unidad», queda hecho pedazos.

Tras su alistamiento en el Ejército, el plan de vida había supuesto la segunda huida, esta vez elegida por él mismo, de la inestabilidad interior. Ahora se encuentra de nuevo inmerso en ese interior, situación que lleva implícita una pavorosa experiencia: no hay ninguna «realidad interior» desde la que encarar la vida, sino, en todo caso, en el momento en que nos desfondamos, una fuerza que lo desintegra todo.

El «interior» que emana de él es una turbulencia que disuelve la realidad de todo lo que cae dentro de su radio de acción. En el exterior, la *desintegración;* en su interior, el *vacío*.

> Daba vueltas inactivo en mi cuarto, me asomaba a la ventana, salía corriendo afuera, un desasosiego interior me impulsaba finalmente a ir a los cafés, con su ambiente cargado de humo [...], para distraerme [...]. Apoyé la cabeza en el cojín del sofá. Un inexpresable vacío llenaba mi interior: la última posibilidad de sobreponerme también se había frustrado. (A Wilhelmine, 22 de marzo de 1801.)

Antes de esta crisis había escrito que únicamente en soledad podía ser como «verdaderamente» era.

Ahora recupera esa verdad *interior* en su vertiente más cruel: como furia aniquiladora. Todo lo que entra en contacto con ese principio interno se desintegra y pierde su sentido. Todas las grandes ideas de la metafísica y de la moral —la justicia y la necesidad en términos absolutos, el sentido de la historia, progreso, la salvación, etcétera— se tornan ilusorias, meros «engaños».

Intentando huir de sí mismo, viajará a París en el verano de 1801. Durante el trayecto sufre un accidente. El «espantoso rebuzno de un asno» asusta a los caballos, que se desbocan y hacen que el coche vuelque. Kleist sale ileso, si bien en una carta se referirá al incidente como sigue:

> ¿Depende la vida de un hombre del rebuzno de un asno? Si en ese momento todo hubiera terminado, ¿habría vivi-

do *para* eso? ¿Es éste el sentido que el Creador le ha dado a esta oscura y enigmática vida terrenal? (A Wilhelmine, 21 de julio de 1801.)

Kleist no soporta por más tiempo estar replegado en sí mismo. Desea volver a salir, pero sólo puede hacerlo por medio de la acción. Quiere pasar a la acción: «La acción es mejor que el saber», dice. Si bien ya no existe para él un orden externo que dote a las acciones de un sentido que trascienda al propio individuo. Se encuentra atrapado en una situación paradójica: en él bulle un «impulso irrefrenable hacia la actividad, pero sin meta alguna». Y por otro lado: «Ansío con toda mi alma la paz que reina en toda la creación, en todos los cuerpos del universo que lentamente giran y giran» (a Wilhelmine, 9 de abril de 1801).

Kleist busca una actividad pausada que lo proteja de la complicada y carente de sentido cadena de acciones de la sociedad. Su idea, de inspiración rousseauniana, consiste en instalarse en Suiza y vivir como un campesino: «Labrar el campo, plantar un árbol, criar un hijo».

Su sueño: encerrarse en un lugar cercano y formar parte allí del curso de la naturaleza, dejar simplemente que prospere la naturaleza exterior e interior. He aquí la ilusión del retorno a la coherencia del fenómeno de la vida en su estadio precultural, un sueño que persigue recuperar la inmediatez perdida. Para hacerlo realidad ha de alejarse de todo aquello que pueda llegar a despertarlo. Pero no lo logra: la ambición de prestigio social lo hace salir de ese sueño. Kleist había querido desprenderse de esa ambición que lo ligaba al mundo exterior de la sociedad. Poco antes de su llegada a Suiza escribía a su prometida:

> La despiadada ambición es el veneno de toda dicha. Por eso quiero cortar con todas las relaciones que me impulsan a sentir envidia y a competir. Pues sólo en el mundo es doloroso no ser gran cosa, fuera de él no.

Kleist pensaba en el retiro en Suiza como si de una cura radical se tratara. Quería aprender a «no ser gran cosa», pero ésa es una lección muy difícil de asimilar. En el intento de desligarse de ese mundo exterior que es la sociedad, descubre lo profundamente apegado que está a ella. La ambición de ser alguien ahí fuera no lo deja en paz; llega incluso a perturbarlo en ese lugar apartado de la competencia y del deseo de notoriedad propios de la sociedad.

Y es que le resulta insoportable que la familia lo tenga por un fracasado. Ha querido ocultarse de las miradas a menudo condescendientes de los otros, pero ya no desea seguir escondido. Ha llegado el momento de salir resplandeciente a la luz como un triunfador. Tan sólo medio año después de su misiva contra la ambición escribe a Wilhelmine:

> Hay una palabra [...] que vosotras las mujeres por regla general no comprendéis bien; esa palabra es ambición [...]. Si no logro alcanzar la fama en mi patria, nunca podré aplacarla. Y esto es irrevocable como la naturaleza de mi alma.

Pero ¿con qué puede alcanzar renombre? ¿Qué talento no ha explotado aún?

Con las verdades de la ciencia no logró la felicidad. Si no hay ninguna verdad que *encontrar* como recompensa a nuestros esfuerzos, habrá que *inventarla*.

Inventar en lugar de encontrar: así descubre Kleist su vocación de poeta. Interiormente esto significa que Kleist se deja guiar por el sentimiento de que el mundo ya sólo se puede justificar como fenómeno estético. Y el sentido externo de este paso es que, como sus familiares y amigos han entendido el retiro en Suiza como su muerte social, se resuelve a demostrarles que cabe una resurrección, una brillante entrada en escena en las tablas del mundo. Una ambición salvaje, una voluntad incontenible de triunfar y salir del anonimato impulsa a Kleist a ser poeta, lo que quizá explique la marcada agonía que caracteriza su obra. Cuando en un divertimento en Suiza compite con sus amigos le vienen las mejores ideas. Quiere destacar, medir sus fuerzas, persigue la fama del vencedor. La ambición por crear un artificio perfecto es más fuerte en él que la pura voluntad de expresarse. No obstante, esto no quiere decir que su arte se independice de su naturaleza interior, sino que llega al convencimiento de que tiene que controlar su voluntad artística. Con su fría concepción del arte canaliza sus pasiones y obsesiones y las pone al servicio de la obra y de la eficacia de ésta para llegar al público. De ahí la exageración, el efectismo, el histrionismo que en ocasiones le hacen caer en el folletín o en una involuntaria comicidad, como sucede con su primera tragedia, *La familia Schroffenstein,* que aunque no llega a satisfacerlo del todo, publica como primer ensayo de la gran obra que tiene en mente.

Todavía en Suiza elabora el esbozo de un drama llamado a ser superior a toda la producción dramática surgida en Alemania hasta ese momento. Ha de ser formalmente perfecto y rebosante de vida, tiene que plasmar una gran idea con plástico realismo, mostrar los abismos del alma mediante la acción dramática. En pocas palabras: quiere hacer suyos a Sófocles y a Shakespeare; codearse con Goethe y Schiller. La titánica obra se llamará *Robert Guiskard, señor de los normandos.*

Kleist nunca llegó a terminarla: en 1803, durante su estancia en París, quemó la pieza inacabada.

Lo que se ha conservado de ella (el propio Kleist reconstruyó más tarde las escenas del principio) es sumamente revelador. La obra con la que Kleist quería salir del anonimato y *presentarse* nuevamente en sociedad gira obsesivamente en torno a un único tema: *el poder de la aparición en escena*. En ella encontramos ante todo apasionadas y convulsas escenas de masas. La peste está diezmando el Ejército normando. Los soldados exigen a Robert Guiskard que ponga fin a la campaña contra Bizancio y que guíe a las tropas de vuelta a casa. Se produce un gran alboroto ante la tienda de Guiskard, pero él no se digna salir. Repentinamente se corre el rumor de que el propio Guiskard ha contraído la peste. Exigen a gritos que salga, pero él sigue sin aparecer. Salen a escena su hijo y su sobrino, el uno para amotinar al pueblo, el otro para apaciguarlo. Pública y soterradamente van tejiéndose las intrigas. Guiskard sigue oculto. La tensión aumenta. Finalmente Guiskard sale de su tienda. En el momento de su aparición tiene lugar una auténtica epifanía del poder que hace de las escenas anteriores un mero preludio. Kleist prueba lo que una aparición puede llegar a significar: después de ésta ya nada es como antes.

Cada gran aparición divide la historia en un antes y un después. El *antes* se ha desarrollado escénicamente hasta la aparición de Guiskard; luego, la pieza teatral queda interrumpida. Kleist no sabe estar a la altura de la tan esperada aparición escénica. Ha levantado tantas expectativas que seguir con un *después* se le hace demasiado duro. Desde París escribe en 1803 a Ulrike:

> Me he pasado cientos de días seguidos, la mayoría de sus noches incluidas, intentando ennoblecer algo más el nom-

bre de nuestra familia [...]. Si eso bastara [...]. Sería cuando menos una insensatez que *yo* concentrara mis fuerzas por más tiempo en una obra que, finalmente estoy convencido, es demasiado para mí.

¿Qué sucederá después de este naufragio?

Recapitulemos: Kleist descubre que su interior es algo con lo que ha sido felizmente agraciado pero que a su vez le repugna y le asusta. En él no encuentra sustento, por lo que intenta buscarlo en un conocimiento de corte metafísico que le ofrezca seguridad y en el armazón de un plan de vida. Dicho armazón se derrumba, y lo que queda es un vacío interior que lo impulsa a pasar de nuevo a la acción; pero se trata de una acción *fuera* del mundo, en los idílicos parajes naturales de Suiza. En esa huida del mundo se le hace evidente lo apegado que está a él a causa de su ambición. Por ello vuelve al mundo exterior como poeta, con una obra sobre el poder de la aparición en escena; pero fracasa en su intento. No puede ocultar que su fracaso es doble, pues no ha conseguido terminar la pieza teatral ni aplacar su ambición. Tras fracasar en su «reaparición» intenta a finales del verano de 1803 desaparecer para siempre. Lo que ahora desea es «la hermosa muerte que supone caer en medio de la batalla». Pero aunque resulte chocante, no la busca en el Ejército prusiano, sino en las filas francesas al mando de Napoleón.

Kleist quiere morir por los franceses adeptos a Napoleón, a los que desprecia más que a nadie, a los que llama «monos de la razón». Para él representan lo más vil del exterior que pueda imaginarse. Ellos, a juicio de Kleist, han socavado con su racionalismo, economicismo, hedonismo y superficialidad, es decir, con su cultura, todos los valores que le son propios a la vida.

En 1801 escribió a Ulrike acerca de su primer viaje a París: «No puedo describirte la impresión que me produjo la primera toma de contacto con esa absoluta falta de moralidad que acompaña a su gran cientificismo».

Es como si quisiera castigarse por haberse dejado llevar por la ambición: como ahora se encuentra nuevamente en el exterior y no ha logrado un gran reconocimiento, lo que pretende es sumergirse en la parte más negativa de esa exterioridad, encarnada a su juicio en Napoleón. Dos años antes ya había escrito en una ocasión: «No quiero seguir precipitándome [...], ya que, o bien desprecio mi alma, o desprecio la tierra, y con ello las separo».

Tras el doble fracaso —Kleist se siente demasiado débil para volver a intentar su gran reaparición y también para renunciar a ella—, nada puede disuadirlo ya de despreciar su propia «alma». Al menos la realidad que tiene bajo sus pies y que lo rodea, la «tierra», le hace sentirse más fuerte. Y por ello pretende entregarse al más abyecto representante de la «tierra»: Napoleón.

Pero esto no llegará a suceder: será apresado bajo sospecha de espionaje y enviado nuevamente a Berlín, donde las autoridades interceden por él para luego destinarlo a la administración nacional de Königsberg.

Kleist no podrá olvidar que en el momento de mayor abandono y menosprecio de sí mismo quiso arrojarse a los pies de Napoleón. Desde ese momento lo perseguirá con un odio atroz. Veamos un fragmento de su oda «Germania a sus hijos», de 1809:

> Abandonad pues, el emperador a la cabeza,
> vuestras chozas, vuestras casas,
> ¡echad un mar desbocado
> encima de esos francos!...

Que en todo sitio y lugar
sus huesos blanqueen la plaza.
Quienes cuervos y zorros desprecian,
pasto de los peces sean.
Cerrad el Rin con sus cadáveres...

¡Una caza feliz, cual tiradores
que del lobo siguen las huellas!
¡Matadlos! ¡Que en el juicio final
no se os van a pedir cuentas!

La pieza teatral de 1809 *La batalla de Hermann,* vilipendiada por su exacerbada francofobia, supone una insólita y apasionada apología de la destrucción total.

So pretexto de sus convicciones políticas, Kleist da rienda suelta a sus fantasías destructivas, que resultarían incomprensibles de ser atribuidas únicamente a una pasión o motivo políticos. El propio Kleist debió de ser consciente de ello cuando escribía: «¡Matadlos! ¡Que en el juicio final no se os van a pedir cuentas!». Esas fantasías de destrucción entremezcladas con pasiones políticas nos remiten a ficciones similares. Por ejemplo, puede verse claramente cómo Michael Kohlhaas desea intensamente su propia muerte, ya que con ésta puede ver cumplida su venganza: dispone todo de tal manera que su muerte suponga la ruina del odioso príncipe de Sajonia.

Ningún escritor del siglo XIX ha recreado el momento de la muerte con tanta voluptuosidad como Kleist. Valga como ejemplo la última escena de *Pentesilea,* en la que la reina de las amazonas desgarra con sus propios dientes a su amado Aquiles después de luchar con él y matarlo. La descripción de la masacre en *El terremoto de Chile* también resulta ilustrativa:

> Pero el maestro Pedrillo no cejó hasta arrancarle uno de los niños del regazo, y después de hacerlo girar en alto, fue a estamparlo contra una pilastra que había en un rincón de la iglesia [...]. Don Fernando, al ver a su pequeño Juan con los sesos derramados fuera del cráneo, levantó los ojos al cielo presa de un indecible dolor.

Por medio de sus imágenes poéticas Kleist no sólo ha plasmado la utopía de la reconciliación entre interior y exterior, como en *Catalina de Heilbronn* o en *Anfitrión;* no se ha limitado a describir, como en *La marquesa de O*, el «hermoso esfuerzo» que uno realiza para conocerse a sí mismo y la fuerza requerida para lograr la dulce autonomía frente a un mundo hostil gobernado por absurdas casualidades; no sólo le ha dado expresión al exaltado deseo de muerte: ha dado rienda suelta a sus fantasías de exterminio, fantasías que provienen no tanto de su enemistad hacia esta o aquella realidad, sino de su enemistad hacia la realidad en términos absolutos. La realidad ya no le ofrece ningún tipo de seguridad, y cuando no puede cobijarse en los espacios que su imaginación habilita, se topa de frente, tanto dentro como fuera, con un aterrador vacío. Pocas semanas antes de su muerte escribe a Marie von Kleist:

> Mi imaginación se muestra tan activa frente al papel en blanco, las formas que produce son tan acabadas tanto en contorno como en color, que me resulta arduo y verdaderamente doloroso pensar de nuevo en la realidad.

El final se aproxima cuando Kleist empieza a temerse que no está hecho para ser poeta, que su imaginación, ese último baluarte, puede venirse abajo. A partir de ese momento buscará en los salones de Berlín una mujer dispuesta a morir junto a él. Y así será: Kleist necesitaba una mujer que se dejara matar por él antes de suicidarse. Cuando finalmente encuentra a esa persona en Henriette Vogel escribe triunfante a Marie von Kleist (a la que anteriormente le había hecho la misma proposición): ha encontrado una compañera «que deseosa me pide que, suavemente, como si fuera una violeta en el campo, la arranque de un lugar en el que no desea estar».

Al igual que en Kohlhaas, subyace al deseo de muerte de Kleist una secreta sed de venganza. Pretende vengarse de la vida, esa «cosa despreciable», saboreando el triunfo de poder «derramar» su vida, así como la de otra persona.

Kleist vivió su búsqueda de la muerte en el Ejército napoleónico como un fracaso. Deseaba arrojar su despreciable «alma» a la despreciable «tierra». En cambio, ahora escribe a Marie von Kleist: «En medio del cántico triunfal que mi alma entona en el momento de la muerte, no puedo evitar volver a evocar la tuya...».

Triunfar en la muerte... ¿Dónde encuentra la certeza de que su «alma» se impondrá a la «tierra»? ¿De dónde proviene, tal y como lo dice en una de sus últimas cartas, esa liviandad del «feliz aeronauta» que se desprende de la gravedad terrestre? Esa certeza proviene de la fuerza de la *imaginación*. Tras la crisis de 1803, Kleist escribe sus obras más importantes. Pero no llegará a esta nueva certeza gracias al éxito externo de su escritura, que no alcanzó las cotas esperadas y que, justo al contrario, contribuyó a aumentar su desesperación al sentirse infravalorado por el público.

Es un convencimiento interior que resulta imposible basar en otra cosa que no sea la arrebatadora imaginación poética. Se trata de la sencilla y a la par enigmática experiencia de crear realidades en el interior que no pierdan su carácter de realidad internamente vivida a pesar de corresponderse poco o nada con el exterior. De ahí que Kleist definiera en una ocasión la poesía como un «arte divino».

La imaginación había realizado una demostración de poder en la creación poética. Kleist rebosa de júbilo en los días previos a su muerte porque la concibe como una obra de su imaginación, como un «proyecto estético» (K.H. Bohrer). El doble suicidio será escenificado como si de una obra se tratara. Y como haría con una obra, Kleist piensa en el efecto que ha de tener en el público.

Imagina cómo afectará su muerte a los amigos. Escribe a Marie von Kleist: «Lo primero que pienso es que cuando me muera volverán a mí con un sentimiento pleno de amistad». También se recrea en imaginar la tristeza de la familia de Henriette. Con Henriette fantasea sobre cómo se encontrarán «en el camino a Potsdam, como dos fardos, yacemos muertos por un disparo...».

El ímpetu de estos últimos momentos se debe a que están gobernados por la imaginación. Ha tomado el control absoluto, se ha hecho más fuerte que esa realidad «terrena» que todos tenemos y que se resiste a morir.

Pero la imaginación necesita espectadores que den testimonio, y los espectadores no llegan: de ahí las numerosas notas de despedida que en cierto modo convierten a sus destinatarios en testigos. Espectadores ausentes: por eso ambos disponen todo de tal manera que finalmente mueren casi ante los ojos de sus posaderos.

El 20 de noviembre de 1811 Kleist y Henriette Vogel parten hacia el lago Wannsee. Se alojan en una posada. Piden un candil y algo con que escribir. Duermen separados. Henriette cierra la puerta que los separa. Al día siguiente bromean entre ellos. Kleist salta sobre las tablas de la barca. A mediodía solicitan que se les disponga una mesita en una elevación muy cercana a la posada y que se les sirva café. Kleist le pide a la posadera un lápiz. Al volver con el encargo, la mujer oye dos disparos. En el alto encuentra los dos cadáveres. Henriette está tendida sobre su espalda, Kleist desplomado delante de ella, la cabeza pegada a la pierna derecha de ella. En el suelo, dos pistolas.

Esta escena final es la última obra de Kleist; una obra con relevancia interna y externa. Interna porque, con su muerte, Kleist pretende volver a sí mismo de una manera definitiva. El poder de lo externo queda en entredicho, ya que él mismo es quien se da muerte. Pero a su vez ese poder logra también triunfar, ya que los restos del «autor» de esta última obra, la escenificación del suicidio, quedan en manos de los forenses, cuyo seco comentario reza:

> El hígado era descomunal [...]. Su materia era tremendamente grasienta, por lo que hubo que cortarlo con mucho esfuerzo. Brotaba abundante sangre negra. La vesícula, también admirablemente grande, contenía mucha bilis.

Nietzsche

1

Nietzsche asumió como una de las tareas de su vida esclarecer el «inframundo del ideal». Quiso llevar la luz de la Ilustración al taller de las ilusiones y al de las representaciones, talleres que confluyen en la caverna platónica, donde los hombres, encadenados y apartados de la verdadera realidad, viven en el engaño de creer en las sombras que allí se proyectan.

El mito platónico de la caverna narra una ascensión:

nos encontramos en una oscura prisión subterránea. Detrás de nosotros arde un fuego, y aún más atrás está situada la salida al exterior. Estamos encadenados, sin poder girar la cabeza, y sólo podemos mirar hacia la pared que tenemos enfrente. Allí perseguimos las sombras que proyectan los objetos que son transportados a nuestra espalda por delante del fuego. Bastaría con darse la vuelta para ver los objetos verdaderos y el fuego; si fuéramos totalmente libres y pudiéramos subir y salir de la caverna llegaríamos a ver el sol, y entonces habríamos alcanzado la verdad. La verdad consiste en salir de las profundidades de esa oscura prisión y alcanzar la luz del sol.

El Zaratustra de Nietzsche viene de la caverna, pero no pretende alcanzar la luz del sol; él mismo es un sol, el «sol saliente de la mañana». No quiere llegar al verdadero ser, ya que es él en sí mismo quien lo porta. No es la verdad la que lo ilumina, él es la verdad hecha carne y debe iluminar a los demás. El refulgente Zaratustra está solo, ya que todos los hombres con los que se encuentra van por detrás de él. Con ellos ya únicamente es posible predicar, no *convivir.* El Zaratustra de Nietzsche viene de la caverna, pero el propio Nietzsche, ya en las postrimerías de su frágil vida, siente que ha ido a parar a un lugar mucho más profundo que una caverna. En febrero de 1888 escribe: «Me he convertido sin darme cuenta en algo parecido a una caverna; algo escondido que no se encuentra ni aunque se salga a buscarlo. Pero nadie se aventura...».

En una de sus últimas notas antes de la recaída final, escribe: «Soy la soledad hecha hombre [...]. Que nunca una palabra me colmara; ello me *empujó* a colmarme a mí mismo».

Cualquiera desea «colmarse a sí mismo», pero Nietzsche no puede hacer otra cosa que interpretar ese hallazgo íntimo como un acontecimiento decisivo en la historia universal. Nietzsche llena la caverna en la que está preso de sombras insólitas. En *Ecce homo* escribe:

> Conozco mi destino. Algún día mi nombre irá unido a algo formidable: el recuerdo de una crisis como jamás la hubo en la tierra, el recuerdo de la más profunda colisión de conciencia, el recuerdo de un juicio pronunciado contra todo lo que hasta el momento se ha creído, se ha exigido, se ha santificado. No soy un hombre: soy dinamita [...]. Mi verdad es *terrible:* pues lo que hasta el presente ha sido llamado verdad es la *mentira. Transvaluación de todos los valores:* he aquí mi fórmula para un acto de suprema autognosis de la humanidad, acto que en mí se ha hecho carne y genio [...]. Yo contradigo como jamás se ha contradicho, y, sin embargo, soy lo contrario de un espíritu que dice no. Soy un *alegre mensajero* como no lo ha habido nunca, y conozco tareas que son de tal altura que el concepto ha faltado hasta el presente. Sólo a partir de mí existen de nuevo esperanzas. Con todo, soy también necesariamente el hombre de la fatalidad. Pues cuando la verdad entre en lucha con la mentira milenaria tendremos conmociones como jamás existieron, una sacudida de temblores de tierra, un desplazamiento de montañas y valles de una magnitud jamás soñada. El concepto de política quedará entonces absorbido por la lucha de los espíritus. Todas las formas de poder de la vieja sociedad habrán saltado por los aires, porque todas están basadas en la mentira. Habrá guerras como jamás se conocieron en la tierra. Solamente a partir de mí existe en el mundo la *gran política.*

Nietzsche escribe estas furibundas frases en su pequeño cuarto de la casa del señor David Finio, en Turín. La casa de Finio está en el centro histórico de la ciudad, frente al grandioso Palazzo Carignano, cerca del teatro donde, para disfrute de Nietzsche, fue representada *Carmen* —todo Turín estaba «*carmenizzato*», nos cuenta— y cerca también de la oficina de correos desde donde envía sus nuevas al mundo. En ninguna otra fase de su vida escribe Nietzsche, el habitante de la caverna, tantas cartas como en esos últimos meses en Turín. Frecuenta el Café Nationale, en cuyas estancias, que tanto le recuerdan a Montecarlo, se dan conciertos. Se prepara para grandes apariciones en público. Hasta entonces sólo se había hecho trajes en Naumburgo, bajo la supervisión de su madre, y, sin embargo, ahora busca un sastre conocido en la ciudad para que le haga un elegante traje a medida. También se deja seducir por un paletó forrado de seda. A pesar de su extrema miopía, se atreve a salir a la calle sin gafas. Quiere parecer joven de nuevo, o, mejor dicho, por primera vez. Nota con satisfacción como las muchachas se vuelven a mirarlo cuando camina por el paseo. En el mercado la frutera se muestra solícita, piensa él. El 29 de diciembre de 1888, una semana antes de caer definitivamente enfermo, escribe a Meta von Salis:

> Lo más curioso de Turín es la gran fascinación que ejerzo en todas partes. Me miran como si fuera un príncipe; hay una deferencia extrema en la manera en que me abren la puerta, en que me sirven la comida. Cuando entro en un comercio todos los rostros se transforman.

El 15 de octubre de 1888 Nietzsche había empezado la redacción de *Ecce homo*. Era su cumpleaños y, a excepción de Peter Gast, nadie lo había felicitado. Sin lugar a dudas el mundo se había olvidado de él. Tanto peor para el mundo, ya que él se disponía a hacerlo saltar por los aires. Ya nada iba a ser como antes cuando, al igual que Zaratustra, saliera de su cueva...

En las notas de octubre de 1888 encontramos la siguiente frase:

> La suprema ley de la vida, formulada por primera vez por Zaratustra, postula que *no se tenga piedad* con todo aquello que suponga un desperdicio y una merma de la vida, que se destruya todo lo que pudiera ser traba, ponzoña, conspiración, soterrada oposición contra el avance de ésta [...]. Es inmoral, es *perverso* decir en su más profundo sentido: «¡No matarás!».

A solas, Nietzsche sueña con un escenario en el curso de la historia universal en el que pueda ordenarse el exterminio de todo lo que en la vida atenta contra los valores de ésta. Los nazis invocarán más tarde a Nietzsche para hacer realidad estos sueños.

El propio Nietzsche, pocas semanas después de haber escrito esas espeluznantes frases contra la piedad y a favor del asesinato, al salir de su casa ve en la Piazza Carlo Alberto como un cochero golpea a su caballo. Con los ojos llenos de lágrimas se lanza a la cerviz del animal para protegerlo. El filósofo, vencido por la piedad, pierde el control. Esto supone el fin de la vida espiritual de Nietzsche.

¿Cómo una filosofía que nació como una doctrina de la vida ha desembocado en esa filosofía de la crueldad y de la destrucción? ¿Qué le ha sucedido al filósofo del «pleno mediodía» durante su estancia en la inhumana caverna de sus imaginaciones, en la que se descubrió a sí mismo como «destino del mundo», para que ya no pueda volver a ese «mundo»? Finalmente son la vida y el cuerpo de Nietzsche los que aparecen destrozados en esas imágenes que su fantasía había proyectado: imágenes de destrucción, de exterminio, de dureza y de poder.

Nietzsche se ha proyectado en su propia catástrofe. Sus pensamientos dieron forma a su destino. Quiso encontrar la vida con ayuda del pensamiento, y lo que halló fue un pensamiento aniquilador de la vida.

2

El joven de dieciséis años Friedrich Nietzsche, que ha crecido en el hogar de un pastor evangélico bajo la tutela de una madre puritana y mojigata y unas tías de similares características, ese muchacho con una infancia transcurrida en el entorno pequeñoburgués de Naumburgo, en estos momentos un aplicado alumno del prestigioso internado de Pforta cuya familia y profesores dan por hecho que seguirá la carrera de teología, ese Friedrich Nietzsche empapado en el espíritu de su época, escribe *confidencialmente* un ensayo en 1861 que no se atreve a enseñar a sus profesores pero que es aceptado por una revista. Su título: *Fatum e historia*.

Se muestra airado contra el cristianismo, contra la poderosa influencia que la educación cristiana ejerce sobre él; describe el pesimismo que embarga su alma, busca ansiosamente algún camino que lo conduzca a la libertad. Quiere ser otro, volver renovado al mundo, ser un hombre nuevo. Por ello, encorajinado, sienta las bases de una nueva visión del mundo. Pero no necesitará crear esa nueva visión del mundo destinada a ayudarlo, ya que flota en el ambiente.

Nietzsche:

> Que Dios se haya hecho hombre sólo indica que el hombre no debería poner sus esperanzas en lo eterno, sino instaurar el reino de los cielos en la tierra; la creencia en un

mundo supraterrenal ha colocado al espíritu humano en una posición errónea frente al mundo terreno.

Su crítica a la religión es una crítica a la alienación que sigue la línea iniciada por Feuerbach e incluso, con anterioridad, por Hegel. El primer paso de esta crítica consiste en poner de manifiesto la ocultación de que es el propio espíritu humano quien produce la religión. La religión es, pues, una representación hipostática fruto de las capacidades connaturales al hombre. El segundo paso conlleva analizar el poder del olvido. *Olvidamos* que nosotros mismos creamos la religión, y ese *olvido* hace que lo propio, lo que hemos creado, se vuelva ajeno, como si proviniera de fuera, de arriba, y no, como es el caso, de nosotros mismos.

Éste es, según la crítica de la religión, el auténtico fenómeno de la alienación: en vez de sentirnos creadores nos dejamos subyugar por nuestras propias creaciones, las representaciones religiosas.

¿En qué consiste esta subyugación? La crítica de la religión prosigue en su tercer paso: ante los peligros y las dificultades del más acá se perpetra la huida a un imaginario más allá. Alzamos la vista al firmamento en vez de instaurar el reino de los cielos en la tierra.

De esta crítica de la religión tan en boga en aquel momento Nietzsche toma también la idea de que la encarnación de Dios en Jesucristo nos remite a la tierra en tanto que lugar de la salvación, pensamiento que se encuentra en la obra de D.F. Strauss *Vida de Jesús,* un auténtico *best seller* de la época. Más adelante Nietzsche pensará de manera bien distinta con respecto a la figura de Cristo, pero la línea argumentativa principal de este escrito de juventud permanecerá intacta hasta el final. El joven Nietzsche afirma que hay que instaurar el paraíso en la tierra, y más tarde su Zaratustra ordenará: «¡Permaneced fieles a la tierra!».

No obstante, el propósito de instaurar el paraíso en la tierra puede interpretarse de maneras muy distintas. El carácter metafórico de la expresión la vuelve polisémica. Hacer nuevamente habitable la *tierra* significa para Marx que el hombre se conciba a sí mismo como un ser social y productivo. Para Heine, al igual que para Feuerbach, significa reivindicar la sensualidad humana y las necesidades del cuerpo. Para los darwinistas, creer en el carácter progresivo de la evolución.

Lo que esto significa para el joven Nietzsche sólo se puede intuir: cuando dice que quiere volver a habitar la tierra lo que desea es escapar de la estrechez, la mojigatería y el excesivo recato de la moral de su hogar materno en Naumburgo. Sueña con París, con funciones nocturnas y bailes, con pasear por los bulevares, con beber champán en los cafés y sonreír a las muchachas.

Nietzsche no tiene dudas al respecto: la vida misma nos insta a *sacudirnos las cargas;* sólo entonces podrá ella mostrarse en su verdad. *Nuestra vida se reduce al aquí y al ahora, más allá no hay nada,* afirma Nietzsche con gran convicción a la temprana edad de dieciséis años.

El espíritu dominante de la época es moderadamente optimista. Si la vida discurre según su propia dinámica, habremos progresado. La vida es un principio que nos sirve de soporte. Pero ¿no podría ser también un abismo?

La sospecha de que esto sea así emerge ya en *Fatum e historia,* en la visión cargada de tintes trágicos del «niño que juega con mundos», que alcanzará gran relevancia en la obra tardía de Nietzsche.

> Cae el telón, y el hombre se encuentra de nuevo como un niño que juega con mundos, como un niño que se despier-

ta con la luz de la mañana y riendo borra los sueños terribles de su cabeza.

Se trata de esos «sueños terribles» en los que la vida es una práctica sin sentido, un abismo que no ofrece asidero alguno. Y de esas pesadillas no nos salvan ni la idea de trabajo ni la de progreso: lo único que nos mantiene erguidos sobre ese abismo es el *juego*.

El joven Nietzsche tan sólo flirtea con el pensamiento de que el «juego cósmico» sea la única posibilidad de sentido frente al abismo de una vida que carece de él; pero el mero hecho de que baraje esta posibilidad pone de manifiesto que la sospecha de lo abismal está viva en su interior.

En 1866, siendo aún estudiante de filología clásica en Leipzig, Nietzsche descubre a Schopenhauer. Con él aprende lo que significa realmente acabar con todas las representaciones del más allá y con cualquier forma de trascendencia: depurar la vida de la cualidad de lo sagrado, de todo resto de religiosidad. El mundo es «voluntad», un incesante desear, un devorar y ser devorado carente de sentido. Sólo nuestras «representaciones» proyectan «sentido» sobre este conjunto de fenómenos. Y estas proyecciones no resisten la mirada desmitificadora de Schopenhauer. Los dioses impostores que pretenden sacralizar la vida terrena son derrumbados. Queda al descubierto el abismo de una voluntad cósmica que nos atraviesa y que no conoce meta o sentido alguno, que sólo quiere ser ella misma y serlo, a pesar de su falta de meta y sentido, con la mayor de las intensidades. En Schopenhauer, Nietzsche encuentra esa imagen del abismo de la vida cuya silueta ya había insinuado en su visión del «niño que juega con mundos».

De Schopenhauer admira su «viril perseverancia»

pese a su desengañada comprensión de lo terrible de la existencia. Cuanto más reflexiona sobre esta actitud de Schopenhauer, más comprensible le resulta la posibilidad de encarar la vida como si fuera algo terrible, susceptible incluso, desde un punto de vista teórico, de ser negada; pero también comprende que tras ese estado de ánimo, inmune a cualquier tipo de consolación, subyace una refinada, por inconfesada, afirmación de la existencia. Nietzsche descubre en Schopenhauer una maniobra de autoengaño: Schopenhauer ha reinterpretado aquellas potencias vitales que lo atan a la existencia —la filosofía, el arte, la sabiduría—, de tal forma que puede hacerlas pasar por potencias negadoras de la vida sin que sea así. Es justo al contrario, dirá Nietzsche, pues en ellas acontece la celebración de la vida...

La «celebración de la vida»: en torno a este concepto girará el pensamiento de Nietzsche a partir de este momento. Nietzsche ha derrumbado el trasmundo metafísico y religioso por «amor a la vida». Ha sabido ver que el optimista, progresista y placentero culto a la vida no es más que una forma atrofiada de nuestra religión. Con Schopenhauer se ha asomado al oscuro abismo de la vida, ha abrazado el pesimismo. Pero lo que pretende es superar a Schopenhauer. Desea instalarse en una paradoja: quiere transformar esta insoportable vida en una pasión incesante de la que no quepa huida al más allá, ni siquiera al más allá de la negación schopenhaueriana. La fórmula que da nombre a esta actitud es el *pesimismo dionisiaco.*

3

El primer gran libro de Nietzsche, *El nacimiento de la tragedia* (1872), describe esta actitud:

> Debemos darnos cuenta de que todo lo que nace tiene que estar dispuesto a un ocaso doloroso, nos vemos forzados a penetrar con la mirada en los horrores de la existencia individual —y, sin embargo, no debemos quedarnos helados de espanto: un consuelo metafísico nos arranca momentáneamente del engranaje de las figuras mudables—. Nosotros mismos somos realmente, por breves instantes, el ser primigenio, y sentimos su irrefrenable ansia y su irrefrenable placer de existir; la lucha, el tormento, la aniquilación de las apariencias nos parecen ahora necesarios, dada la sobreabundancia de innumerables formas de existencia que se apremian y se empujan a vivir, dada la desbordante fecundidad de la voluntad del mundo; somos traspasados por la rabiosa espina de esos tormentos en el mismo instante en que, por así decirlo, nos hemos unificado con el inmenso placer primigenio de la existencia y en que presentimos, en un éxtasis dionisiaco, la indestructibilidad y eternidad de ese placer. A pesar del miedo y de la compasión, somos los hombres que viven felices, no como individuos, sino como lo *uno* viviente, con cuyo placer procreador estamos fundidos.

Nietzsche escribe este libro siendo un joven catedrático de filología griega en Basilea. Pero no se atrinchera tras la objetividad científica. Se atreve a divulgar un intento de autoesclarecimiento, emprendido en primer lugar ante los ojos de su querido y admirado Richard Wagner. Abandona el firme suelo de la filología y se pone a sí mismo en juego. Ha de tener lugar «lo arriesgado y alucinatorio en la existencia». Nietzsche «arriesga» y hace público un bosquejo de sí mismo disfrazado de estudio historiográfico.

El libro pretende ser un estudio sobre los principios constitutivos de la cultura griega. Nietzsche habla de dos dimensiones: lo dionisiaco y lo apolíneo. En principio, el estudio queda restringido a los estilos artísticos. Lo apolíneo es la forma estática, la plasticidad, la proporción. Lo dionisiaco, la disolución de la forma estática en el movimiento, la música, la desmesura. Tiene que haberse producido un intercambio o incluso una lucha entre ambos principios. Informe, vivo, fluyente, lo dionisiaco reina en el comienzo. La voluntad de configuración apolínea introduce la forma, los límites, el contorno, la determinación. El infinito acontecer de lo indeterminado deviene en la duración de lo determinado. La música deviene en lenguaje, y más adelante incluso en piedra. Aplicado a la tragedia griega, sería como sigue: en un principio era el coro, la música, el torrente de expresividad. Por motivos de disciplina interna, para ganar consistencia, el coro devino en acción, en personajes que actuaban en el proscenio. Éste es el débil mundo de lo real, que es sólo un sueño de la insondable fuerza vital que el coro representa.

Sin embargo, Nietzsche no se queda en una mera reconstrucción histórico-cultural, sino que transforma subrepticiamente los principios estéticos de lo dionisiaco y lo apolíneo en principios metafísicos y existenciales. Lo dionisiaco se equipara a la vida en estado puro, de la que la infinita pluralidad de formas de vida surge y luego retorna en un proceso incesante de nacimiento y muerte. Lo dionisiaco es por tanto trágico, pero también está lleno de ímpetu y fuerza vital. Lo dionisiaco yace bajo los límites de la individualidad; socava al individuo, que se parapeta en sus conceptos racionales y morales e intenta mantenerse a flote. El principio de individuación conforma lo apolíneo. Frente a lo dionisiaco, la individualidad, con su razón y su moral, sólo es una *apariencia* que nada en la superficie. Lo dionisiaco, es decir, la vida, no conoce moral ni razón alguna, con su descomunal fuerza crea y destruye formas de vida. El acceso a lo dionisiaco, afirma Nietzsche, no viene propiciado por la razón, sino por un tipo peculiar de «ebriedad», un estado en el que se es uno mismo sin sufrir la quiebra que la reflexión conlleva. En la ebriedad, al igual que en el arte, nos sumergimos en el convulso mar de lo vivo. La vida es un juego de fuerzas y energías sin meta ni sentido. En tanto que fenómeno dionisiaco es para nosotros «una y otra vez [...] el juego de la creación y destrucción del mundo individual como emanación de un aliento primigenio [...], de manera parecida a como Heráclito el oscuro había comparado la fuerza ordenadora del mundo con un niño que juega a poner aquí y allá unas piedras y que hace montones de arena y luego los deshace». Tras esta concepción asoma con claridad Schopenhauer. Dionisos es el universo de la «voluntad» que subyace a todo, y Apolo el de la «representación» individual. Para Schopenhauer, el acontecer de la voluntad es algo cruel, doloroso, ímprobo, algo que, si pudiera, suprimiría con gusto. En cambio en Nietzsche el acontecer de la voluntad se convierte en el «juego del mundo». Y esto es así porque lo experimenta desde un punto de vista estético.

Nietzsche lleva a cabo la siguiente serie de identificaciones: el principio artístico de Dionisos deviene en principio cósmico, la voluntad universal jugando consigo misma; y este principio cósmico, concebido como la más lejana especulación, se transforma en un principio hondamente cercano, deviene en lo que Nietzsche llama su «experiencia más íntima».

El libro al completo es sumamente especulativo, si bien no se trata de una meditación que se pierde en la lejanía, sino de un pensamiento que discurre en la zona caliente de la propia existencia. En el principio dionisiaco, Nietzsche incluye aquella vida que siente bullir en su interior a la par que nota su ausencia, aquella vida que quiere encontrar y crear. En contadas ocasiones se ha llegado a pensar desde tan lejos con tanto furor en lo más cercano. La *vida* en torno a la que gira obsesivamente el pensamiento de Nietzsche es una mezcla de los bulevares de París, el *Tristán* de Richard Wagner y las bacanales romanas.

Nietzsche, que quiere hacer de la escritura un retorno a sí mismo —«¡Llega a ser el que eres!»—, se juega el todo por el todo en su escrito, ya que el gremio de la filología no le perdonó este libro al que en un principio fuera su mimado niño prodigio. El profesor Ritschl, antaño su maestro y mentor, definió el libro de la tragedia como una «ingeniosa borrachera». Y el joven Wilamowitz-Moellendorff, quien más tarde se erigió en el sumo pontífice de la filología clásica, publica en 1873, con el título de *¡Filología del futuro!*, una feroz crítica destructiva que termina con las siguientes frases:

> Que el señor N. se atenga a lo que dice, que empuñe el tirso, que vaya de la India a Grecia, pero que baje de la cátedra desde la que debe enseñar ciencia; que reúna junto a sus rodillas tigres y panteras, pero no a la juventud filológica de Alemania.

De la noche a la mañana Nietzsche pierde su prestigio filológico. No se puede volver uno psiconauta en las tranquilas aguas de la filología sin ser castigado. En Basilea los estudiantes se alejan de él. En la casa de los Wagner en Triebschen su actitud es celebrada por todo lo alto. Richard Wagner se encuentra perfectamente retratado en la figura de Dionisos. Pero Nietzsche había querido también retratarse a sí mismo, lo cual lo enfrenta con el gran ególatra. Nietzsche se había entregado a la dionisiaca fuerza de la vida desde la moderadamente arriesgada perspectiva del esteta que escribe. Pero el juego se pone serio cuando tiene que sufrir en sus carnes las consecuencias sociales de esa aparición en público: para el mundo de los doctos está «muerto»; sus alumnos de Basilea ya no asisten a sus clases. Su existencia de burgués se tambalea. Cae enfermo, pero a pesar de lo tortuoso del camino que su pensamiento acaba de emprender, y que terminará en catástrofe vital, ya nunca se echará atrás. Lo «arriesgado y alucinatorio de la existencia» lo arrastra al ostracismo, y finalmente a esa región aislada del mundo que es la caverna interior.

4

El «pesimismo dionisiaco» no es para Nietzsche simplemente la formulación más o menos expresiva de un exaltado sentimiento vital. Esta manera de afrontar la vida se ha convertido hasta tal punto en una «visión del mundo» que ya no se deja reducir a un esteticismo satisfecho de sí mismo y retórico. Contra lo que se pueda pensar, no es una mera teoría, un mero producto del conocimiento y la investigación académicas.

En una ocasión Nietzsche denominó a las ideas expuestas en su libro sobre la tragedia «tentativas»; y lo son en un doble sentido. Nietzsche se deja *tentar* por ellas: su trayectoria intelectual hasta ese momento se ve cuestionada por ellas. Y a su vez *intenta* esas ideas en el sentido de probar algo, de buscar una nueva forma de existencia.

Es —en el doble sentido de *tentación* e *intento*— un pensamiento experimental que no sólo pretende *expresar* la propia existencia, sino también transformarla, y eso ante los ojos de un público que no se espera de un colega semejante maniobra de autoesclarecimiento, sino un trabajo de investigación al servicio de la disciplina con *resultados* comprobables y aplicables. El joven Wilamowitz-Moellendorff hablaba de corazón a la comunidad de los filólogos cuando instó a Nietzsche a abandonar la cátedra.

El que se esclarece a sí mismo públicamente acaba siendo víctima de la notoriedad de ese acto. Su empresa adquiere, sin duda, un mayor significado, ya que, en virtud de su carácter público, trasciende los límites de la propia persona y su patencia se ve incrementada. Pero con ello también atrae a los adversarios de su proyecto, los cuales constituyen una oposición que ya no procede del propio Nietzsche, sino que se erige como un límite *externo* que lo obliga a rendir cuentas. Todo aquello que Nietzsche ha experimentado consigo mismo, todo aquello por lo que se ha dejado tentar, se entiende desde fuera como un ataque. Lo que ha surgido como ensayo, como experimento a lo largo de su camino de autoexploración, es ahora lo que lo compromete ante la opinión pública. Lo lúdico del autoensayo da paso a la obligatoriedad de la afirmación de sí. Nietzsche se ve obligado a afirmar demasiado pronto aquello que todavía está buscando: su propia actitud ante la vida, ese «¡Llega a ser el que eres!».

5

En su libro sobre la tragedia, Nietzsche había presentado a Sócrates como el «prototipo del hombre teórico», el cual se protege del abismo de placer/dolor de la vida dionisiaca sustituyendo la oscura y pesimista pasión por la vida por el luminoso imperio de la sabiduría y la ciencia. La crítica de Nietzsche entiende el socratismo como la gran entelequia de Occidente. La ciencia, afirma Nietzsche, no puede en ningún caso explicar la vida hasta el fondo, y allí donde el deseo de conocimiento termina por imponerse como impulso vital, la vida pierde su pujanza y su profundidad. Contra toda una tradición, y siguiendo a Schopenhauer, Nietzsche sostiene la tesis de que la esencia de la vida, su principio activo, no es inteligible. Si se pretende ser uno con la vida hay que soltar el lastre de querer conocerlo todo y acabar con la ilusión de que el conocimiento es la más elevada y valiosa forma de vida. La vida se atrofia bajo el peso de la ciencia y del conocimiento: ésta es la incisiva tesis que Nietzsche expone en la segunda *Consideración intempestiva,* que aparece en 1874 con el título de «Sobre la utilidad y los perjuicios de la historia para la vida».

Nietzsche habla en ella de la «enfermedad histórica» que padece la época, la cual ha perdido su fuerza creadora, su fuerza «plástica», al encontrarse la propia vida, espontánea y creativa, aplastada bajo el peso del conocimiento histórico acumulado. El historicismo era entonces una corriente de pensamiento en boga, pero por sí solo no hubiera podido desencadenar un ataque tan furibundo. El escrito fue redactado más bien pro domo súa, y ante todo iba dirigido al mundo académico de la filología clásica en tanto que gremio de Nietzsche. Dicho gremio había acertado al decir que su «pesimismo dionisiaco» no era un hallazgo filológico, sino el fruto de su búsqueda interior. Y Nietzsche, con el ánimo espoleado por esos ataques, decide proseguir con esa búsqueda. Aspira a liberarse de las cadenas de su anterior vida, esa que lo había conducido a la filología clásica. Nietzsche lleva al extremo la antítesis de vida y conocimiento; convierte el malestar personal que la adusta existencia docta le produce en un principio universal: en eso que lo atormenta y que lo incomoda descubre una enfermedad de la cultura.

Con todo fundamento formula la siguiente pregunta: ¿cuánto conocimiento, cuánta verdad necesita el hombre? No sólo se refiere ya al conocimiento histórico, sino al conocimiento de cualquier tipo, ya sea psicológico, moral, biológico o metafísico. Nietzsche se pregunta por las proporciones de lo que está por venir.

El planteamiento mismo de la cuestión ataca ya a la dinámica inmanente del proceso cognitivo, puesto que dicha dinámica nunca se pregunta por su porvenir, sino que resulta en sí misma ilimitada, lo *devora* todo. El axioma secreto de este proceso es el siguiente: la relación cognitiva con lo viviente constituye la forma más elevada de vida, y el conocimiento la más valiosa fuerza vital. Y es precisamente esto lo que impugna Nietzsche. Al desmedido deseo de conocimiento opondrá un modelo de equilibrio inspirado en el ideal goetheano de la formación: del mismo modo que el cuerpo sólo puede *digerir* una determinada cantidad de alimentos, la vida sólo puede dar cabida a una determinada cantidad de saber y conocimiento. Al alimentarse en exceso el cuerpo enferma, y de igual manera la vida enferma bajo el peso del conocimiento aglutinado.

> Finalmente, el hombre moderno se mueve llevando dentro una ingente cantidad de indigeribles piedras de conocimiento y, como en el cuento, puede escucharse a veces su entrechocar ruidoso dentro del estómago. Este ruido revela la característica más íntima del hombre moderno: el notable contraste entre una interioridad a la que no corresponde ninguna exterioridad y una exterioridad a la que no corresponde ninguna interioridad, antítesis desconocida entre los pueblos de la Antigüedad.

Con la imagen de la «interioridad» y la «exterioridad», Nietzsche aborda el tema de la materialización, la acción, la espontaneidad, la creación, en una palabra: la capacidad «plástica». El exceso de conocimiento es un impedimento para la capacidad plástica. La capacidad plástica es una manifestación de la vida que surge en el instante y que es propia de éste. Ha de darse siempre un *olvido,* cierto tipo de inocencia. Es un sentimiento que no puede ser escrutado por la mirada analítica, ya que presupone un olvido de sí mismo. Hemos de ubicarnos en un horizonte limitado si queremos actuar. Si no pudiéramos olvidar las numerosas experiencias negativas y tuviéramos siempre presente que la infinita serie de nuestras acciones está regida por la concatenación espacio-temporal del universo, no encontraríamos el ánimo para hacerlo.

Nietzsche aboga categóricamente por lo «ahistórico»: la vida tiene que poder olvidar para poder seguir adelante, tiene que poder ser despiadada e injusta con lo heredado; sólo así logrará abrirse paso y afirmarse.

Y de nuevo Nietzsche dirige su mirada al arte. El arte crea imágenes, hechiza, embriaga, teje una ilusión sin preocuparse en absoluto por la verdad histórica y por la objetividad. Todo lo creativo tiene que ser injusto y ahistórico, y la vida sólo es vida cuando es creativa.

Pero ¿cómo puede defenderse la vida de ser sepultada por el conocimiento? Nietzsche alude en varias ocasiones a los «instintos» de la vida sana, que por sí mismos salen en su ayuda con sólo dejar que afloren. El único problema es que el propio Nietzsche está tan profundamente arraigado a la ciencia y al deseo de conocer que sólo puede soñar con la sana «inocencia» de la vida. En él tampoco reside esa potencia natural de la vida que se revuelve y se subleva frente al conocimiento cuando éste le cierra el paso. Su deseo es que así fuera, pero está corroído por el conocimiento, poseído por la curiosidad teórica. Por eso tampoco él será partícipe de la sublevación de la «vida» frente al «conocimiento», sino que emprenderá una estrategia que lo hará perderse en el laberinto de la reflexión y el refinamiento infinitos: «*El conocimiento tiene que dirigir su aguijón contra sí mismo*».

A partir de este momento, el proyecto de dilucidación de sí mismo que tiene Nietzsche se hace extensible a la Ilustración. La meta de esta dilucidación de sí será confinar la Ilustración dentro de sus límites en aras de vivir el instante.

Nietzsche, al igual que Kleist, sueña con la inmediatez que perdemos por culpa de la conciencia. Sabe, al igual que Kleist, que el camino de vuelta a esa inmediatez está cortado y, al igual que Kleist, contempla como única posibilidad que probemos una segunda vez el fruto del Árbol de la Ciencia, desea que el pecado original del «primer» conocimiento sufra un movimiento retrógrado.

Sin embargo, el «segundo» conocimiento al que Nietzsche alude —aquel que debe descubrir la fuerza motriz del deseo de conocer para liberarse de sus garras— se agota al expresar el restablecimiento de la vívida inocencia por medio del *ahistórico* sentimiento del instante, y el conocimiento, «que dirige su aguijón contra sí mismo», deja finalmente un poso de sabiduría insobornable. La inocencia, la despreocupación del olvido, del desconocimiento, de la espontaneidad, se ha perdido; y únicamente puede recuperarse mediante el autoengaño intencionado.

No obstante, una vida cuya vitalidad no se apoya en sus propias fuerzas sino en un autoengaño consciente, una vida cuyo resorte secreto ha sido desvelado por la conciencia, ¿cómo podría seguir siendo apreciada si subsiste del conocimiento de que ha de apartarse del conocimiento?

Con esta pregunta amenaza Nietzsche con hundirse en el pozo sin fondo de una refinada reflexión. Lo único que puede evitarlo es una enérgica decisión: «Dejemos al hombre [...], su sabiduría [...]: hoy preferimos celebrar de corazón nuestra ignorancia».

Sin embargo, Nietzsche no verá cumplidos sus deseos, ya que no ha dado con una ignorancia inmediata que pueda celebrar, sino que ha tenido que aceptar el penoso reto de embaucarse a sí mismo con la «ilusión de la ignorancia». Un poco más adelante lo llamará «voluntad de engaño».

Y esto viene a significar que la vida, que ha llegado a este grado de refinamiento, sabe que sus apreciaciones, sus puntos de vista, sus expectativas, son algo que ella misma ha dispuesto: engaños voluntarios, ofuscaciones, imaginaciones..., en honor a la vida misma. De este modo llega Nietzsche no a rechazar la *apariencia,* pero sí a exigir que se la desenmascare y que a pesar de ello se la acepte. Es decir, uno no debe parecer más necio de lo que en realidad es. La voluntad de engaño es la complicidad consciente con la inevitable energía creadora de imágenes de la vida, es la conciencia que reconoce que la vida quiere desarrollarse, y si es preciso, a través del engaño y la ilusión.

A menudo se ha entendido al Nietzsche psicológico de la fase «intermedia» como una figura contradictoria con respecto al Nietzsche dionisiaco y al Nietzsche-Zaratustra. Sin embargo, es una falsa contradicción, ya que la psicología nietzscheana del desenmascaramiento se mueve en las coordenadas de la filosofía dionisiaca de la vida. No es una crítica a las ilusiones, a la apariencia en cuanto tal, sino a la falsa creencia en ella, a la ingenuidad. Podemos aferrarnos a las ilusiones siempre que tengamos la fuerza y el ánimo para vislumbrar de qué energía productora de imágenes proceden. Decir sí a la energía creadora de imágenes de la vida significa convertirse en el «poeta» autor de la propia vida.

> ¿De qué medios disponemos para hacer que las cosas sean bellas, atractivas, deseables, cuando en realidad no lo son? [...]. En este punto debemos aprender de los artistas, que a cada paso están prestos para una ocurrencia, para una obra de arte... Queremos ser los poetas de nuestras propias vidas, empezando por lo más trivial y cotidiano.

Como cabía esperar, Nietzsche dirige también su psicología de la sospecha y su vehemente antiidealismo de la llamada fase «intermedia» contra sí mismo. Quiere arreglárselas sin la creencia en un apoyo externo, ya sea la moral, la religión o la metafísica. La vida entendida desde la perspectiva dionisiaca debe sostenerse a sí misma incluso cuando se vea despojada de su tradicional horizonte de sentido, por insoportable que ello pueda parecer. Según nos cuenta, ha querido atormentarse, hacerse sufrir a sí mismo. Con ello ha logrado una mayor fortaleza. En una carta se describe como un hombre «que no desea otra cosa que perderse cada día en un pensamiento apaciguador cualquiera... Quizá *quiero* ser un espíritu más libre de lo que realmente *puedo*».

6

Nietzsche busca a Nietzsche, aunque esto sea para él un esfuerzo titánico. Encontrarse a sí mismo equivale en él a crearse a sí mismo: frente a lo que denomina la «primera naturaleza», pretende adquirir una «segunda naturaleza». En 1882 escribe a Hans von Bülow:

¿Qué me importa a mí que mis amigos afirmen que esta mi actual «espiritualidad libre» es una *decisión* excéntrica sostenida con los dientes y arrancada a la fuerza de mi propia inclinación? Bien, es posible que sea una «segunda naturaleza», pero todavía he de demostrar que sólo con esta segunda naturaleza he entrado en la verdadera *posesión* de mi primera naturaleza.

En otra carta de esta época explica algo más lo que entiende por «posesión»: sin esa «segunda naturaleza» engendrada por él mismo «no hubiera podido soportar» su «primera naturaleza», habría «tocado fondo».

Respecto a su «primera naturaleza», no encontramos ninguna aclaración directa de Nietzsche, si bien alude a ella siempre que se da una lucha en su interior. Ella es el adversario. «El hombre es algo que debe ser superado», proclamará Nietzsche en el *Zaratustra,* haciendo referencia también a sí mismo, a su «primera naturaleza». La «primera naturaleza» es para Nietzsche su existencia en Naumburgo; ese aire sofocante, pequeñoburgués y cargado de moral que hizo de él un hombre inflexible, excesivamente correcto, formal, aprensivo, ñoño e incluso piadoso. «Soy una planta nacida junto al campo del Señor», llega a decir de sí mismo. Es el típico alumno modelo, que, como él mismo confiesa, se siente más cercano a sus profesores que a sus compañeros. Un «pequeño digno de ser pastor», tal y como en broma lo llamaron a los doce años al verlo en una ocasión atravesar la plaza con actitud solemne, conforme a las normas de la escuela, bajo la lluvia. La «primera naturaleza» es también cualquier rastro de la casi osmótica capacidad, incluso necesidad, de sentir compasión. Nietzsche no puede ser cruel, ni duro, ni desconsiderado. Carece de los atributos de la «bestia rubia», y tampoco es ese hombre del Renacimiento que le hubiera gustado hacer de sí mismo. Y no sólo se ve afectado por el ambiente, sino también por las personas, lo que le traerá serias complicaciones. A pesar de que su madre y su hermana con frecuencia lo humillan y lo desprecian, sencillamente porque no pueden comprenderlo, es incapaz de romper su relación con ellas. No encuentra las fuerzas para defenderse de los desmanes que le vienen de ese lado. En cuanto se jura a sí mismo no volver a escribir a su madre, llega un paquete de Naumburgo con calcetines y salchichas, y Fritz, correcto y obediente, se muestra agradecido hacia ella, que le ordena que se reconcilie con su hermana... Esa indulgencia, esa tendencia a la compasión, es denostada por Nietzsche como un «desorden grave» en su naturaleza que le impide ser como él quisiera. En 1883, en una carta a Malwida von Meysenburg, escribe:

> Debe *prevalecer* su ideal de hombre, con su ideal hay que lograr reducir y dominar a los demás al igual que a uno mismo, ¡y conseguir que resulte creativo! Esto es propio del que de buen grado reprime su compasión, del que va *en contra* de nuestros ideales..., del que incluso los tiene por *adversos*. Ellos escuchan *cómo* leo para mí la «moral»; pero llegar a esta «sabiduría» casi me ha costado la vida.

La «primera naturaleza» es aquel sumiso mirar a las alturas de un mundo celestial del que debe llegarnos la salvación, es aquella candidatura al más allá metafísico, carente tanto del valeroso deseo del más acá como del arte de vivir, que consiste en entender los placeres del aquí y el ahora y en tener la fuerza suficiente para arrojarse al abismo de placer y dolor sin sentido que es la vida.

Pero esa «primera naturaleza» es ante todo la falta de talento para la inmediatez y la espontaneidad, el deseo de conocimiento que ha socavado la inocencia, el socratismo contra el que Nietzsche lucha enconadamente, el dejarse embelesar por la cómoda seguridad de la cátedra, a la sombra de un saber que soslaya la «vida plena».

7

Nietzsche se había defendido de la razón moral, metafísica e histórica por amor a la vida. Pero hay un tipo de «razón», mucho más peligrosa para la vida ingenua, de la que no pudo resguardarse: el biologismo y el naturalismo.

Nietzsche sigue siendo irremediablemente hijo de su época, caracterizada por la fe en la ciencia, lo que lo conduce a caer en una explicación biologista y fisicalista de la vida.

> Lo único que necesitamos, y lo único que se nos ofrece dado el nivel actual de las ciencias especializadas, es una *química* de las representaciones y sensaciones morales, religiosas y estéticas, así como de todos aquellos estímulos que experimentamos en nosotros, tanto en las grandes como en las pequeñas relaciones con la cultura y con la sociedad, e incluso estando en soledad; ¿qué sucedería si esta química concluyese con el resultado de que también en este ámbito los colores más espléndidos se obtuvieron de materiales vulgares e incluso despreciados?

Con esa óptica, en absoluto original, sino, como el propio Nietzsche declara, adoptada a tenor del desarrollo de las ciencias de la naturaleza, la desvalorización de la vida alcanza su culmen histórico. La fe en las leyes de la historia, la hipóstasis de las esencias metafísicas, la vida religiosa y la moral que ésta engendra, son inofensivas en comparación con la desvalorización de la vida resultante de esta radical desmitificación de lo vivo, que bajo su mirada objetivadora reduce la vida a procesos químicos, físicos o de economía libidinal. Nietzsche no escribe ningún ensayo titulado *Sobre la utilidad y los perjuicios de las ciencias de la naturaleza para la vida.* Él, el crítico de todos los «trasmundos», no puede liberarse de la sugestión de las construcciones «trasmundanas» de las ciencias naturales. Estas construcciones cosifican al hombre. Operan con la fórmula: «El hombre no es más que...». El hombre es mero escenario de procesos psicológicos cerebrales, de tensiones en la dinámica de las pulsiones, de fenómenos químicos. El *yo* es una ilusión que el lenguaje nos impone. No se trata de un *yo hago,* sino de un *me hacen* los procesos que tienen lugar en mi naturaleza. Esto es, del paso a una *visión estrictamente externa* de lo humano; una visión que elimina el ámbito de la *experiencia interior* reduciéndolo a mero epifenómeno.

Provocadoramente y en conflicto consigo mismo, Nietzsche recita su poema de amor a la física:

> Debemos llegar a ser los mejores conocedores y descubridores de las leyes y necesidades del mundo; debemos hacernos *físicos* para poder ser en cierto sentido *creadores;* ya que hasta ahora todo lo digno de estima, todos los ideales se han erigido sobre el *desconocimiento* de la física o en *contradicción* con ella. Por tanto: ¡viva la física! Y viva también lo que nos *arrastra* hacia ella, ¡nuestra honradez!

Por un lado Nietzsche introduce de lleno al hombre en el devenir de la naturaleza. Como cualquier otra realidad mundana éste se ve *implicado* en los procesos energéticos y demás mecanismos. Queda naturalizado sin reservas, despersonalizado, es una *cosa entre cosas*. Sin embargo, por otro lado, habla de que podemos ser «creadores»; creadores que acatan unas leyes sobre las que no tienen poder alguno. ¿Dónde reside la «Creatividad» si estamos determinados por las leyes de la naturaleza? La respuesta de Nietzsche es sorprendente y, si se la despoja de su apasionamiento, harto insuficiente: seremos creativos cuando podamos mantener la representación de un ser permanentemente determinado por las leyes de la naturaleza e incluso lleguemos a afirmarlo sin venirnos abajo. Seremos creativos cuando ya no nos asuste la determinación absoluta.

La imagen del mundo de las ciencias de la naturaleza, tal y como Nietzsche la entiende, lo conduce a formalizar la doctrina del eterno retorno, doctrina sustentada en dos supuestos que él tiene por científicos. En primer lugar, el supuesto de la infinitud del tiempo, y en segundo, el del carácter limitado de la materia o, mejor dicho, del volumen de energía. De ello se sigue que en un tiempo infinito han debido darse al menos una vez todas las concentraciones de energía y materia posibles, ya que un conjunto limitado permite un número limitado de agrupamientos. Un número limitado de agrupamientos en un tiempo ilimitado viene a significar que no hay ningún acontecimiento, ninguna constelación de materia, que nunca se haya dado.

Nietzsche anunció a bombo y platillo la doctrina del eterno retorno, pregonada con irrefrenable entusiasmo por su Zaratustra; entusiasmo que proviene de la puesta en escena inherente al «superhombre».

Nietzsche define al superhombre como aquel que sabe del eterno retorno sin desfallecer por ello, por más que la circularidad del tiempo vacíe todo acontecimiento de sentido. No obstante, y pese a todo, se trata de una imagen de la vacuidad cansada del mundo.

Nietzsche comparte ese sentimiento, y por eso la idea del eterno retorno es a su juicio «la más pesada», y por eso también se requiere una fuerza «sobrehumana» para soportarla.

Esto sólo es posible a través de un cambio de perspectiva. Es necesario cargar con esta «idea» de peso paralizante. Y Nietzsche lo logra al conjugar el eterno retorno con la imagen del «*gran juego cósmico*». «No conozco otra manera de afrontar las grandes tareas que no sea el *juego*», escribe en *Ecce homo.* También el juego tiene reglas, también se basa en las repeticiones; pero todo lo que es un juego, o lo que por tal tenemos, lo vivimos con alegría.

Nietzsche se ha liberado de los tradicionales dadores de sentido —la metafísica, la religión, la moral— *para desvelar el carácter primordialmente lúdico de la existencia humana.* Se trata de tener el coraje de entrar en ese juego: «El coraje que *ataca:* pues todo ataque es juego en el que suenan tambores», escribe Nietzsche. Este *sí* beligerante y jovial al juego cósmico del eterno retorno tiene que afirmar: precisamente porque cada instante va a repetirse eternamente en el transcurso del tiempo, ha de ser digno de ser eterno. ¡Debes vivir el instante de tal modo que no experimentes con horror su retorno!, postula Nietzsche. «¿Era *esto* la vida? ¡Bien! ¡Otra vez!»

El «superhombre» es aquel que goza de la fuerza y la agilidad suficientes para penetrar en esta dimensión *lúdica* del mundo. El movimiento trascendente que Nietzsche emprende tiende a identificar *el juego como fundamento del ser.* Zaratustra danza al descubrir dicho fundamento, danza como lo hace la divinidad cósmica hindú Siva. O juega, como juega un niño.

> Inocencia es el niño, y olvido, un nuevo comienzo, un juego, una rueda que se mueve por sí misma, un primer movimiento, un santo decir sí. Sí, hermanos míos, para el juego del crear se precisa un santo decir sí.

8

No hay duda al respecto: en sus mejores momentos Nietzsche logra una desenvuelta agilidad expresiva y discursiva, una vivacidad que, incluso afectada por la carga de los pensamientos más densos, se torna en danza, una jovialidad *pese a todo,* una mezcla de éxtasis y serenidad. Con ello alcanza una mirada desde la que la vida se muestra como un gran juego, ese juego que, según Heráclito, al que cita Nietzsche con aquiescencia, es el fundamento del ser.

Sin embargo, más tarde se inicia un extraordinario fenómeno que invita a la reflexión: las últimas divagaciones de este espíritu experimentador se transforman bruscamente en inauditas fantasías de violencia y poder. El príncipe Vogelfrei de *La gaya ciencia,* que tanto celebraba su talento para la danza, se transforma en un guerrero despiadado de la filosofía capaz de escribir frases monstruosas anticipadoras de algunas de las brutalidades del fascismo, tales como que habría que preparar el fin «de los parásitos y los degenerados», o que una «raza de señores» tendría que ser lo bastante fuerte como para reprimir la «piedad». Nietzsche pinta con tintes de admiración la imagen de «la *bestia rubia* que, espléndida, vaga deseosa de victoria y presa», habla despectivamente del «rebaño», cuya única razón de ser es dar a luz algún ejemplar extraordinario de «señor», y, en consecuencia, aboga por el empleo de la «ley del más fuerte». Ataca con contundencia la política social de Bismarck: «No se puede educar como a un señor a quien quiere —¡a quien incluso necesita!— ser esclavo». Lanzado a la búsqueda del lado «perverso de la existencia», fantasea sobre la «naturaleza terrible» del hombre, la cual considera su forma de vida más elevada.

¿Qué lógica, qué sentimientos, qué experiencias motivaron que Nietzsche incluyera semejantes frases, no ya en la colección de apuntes que su inefable hermana haría públicos con posterioridad bajo el título, elegido por el propio Nietzsche, de *La voluntad de poder,* sino incluso en los escritos que él mismo publicó en vida?

En *La voluntad de poder* la actitud lúdica se desvanece ante el embate de esa implacable imagen mecanicista y energetista del mundo que Nietzsche se ha construido a partir de teoremas científicos interpretados a la ligera.

Toda forma de vida es, según Nietzsche, un fenómeno energético al que subyace el principio de incremento. No sólo quiere perseverar, sino crecer. Sin embargo, rige también la ley de conservación de la energía, en virtud de la cual el aumento de la potencia de uno supone una disminución de la de los otros. Una fuerza subyuga a las otras, las engulle, las desfigura y a su vez es desfigurada por ellas, y finalmente es fagocitada por otra, y así sucesivamente: un juego sin sentido, pero dinámico y lleno de vida, de crecimiento, dominación y lucha. «Nada tiene valor en la vida excepto el grado de poder alcanzado; o mejor, la propia vida es voluntad de poder. La moral protege a los peor dotados del nihilismo.» Por eso los más fuertes no temen el nihilismo ni requieren moral alguna, ya que todo el *sentido* se encuentra en la fuerza que ellos encarnan. Asistimos a un proceso digno de la mayor atención: una imagen pseudocientífica del mundo se transforma bruscamente en un tipo de ética. Una ética de la severidad y la crueldad.

No se da una consecuencia teórica que conduzca necesariamente desde el fisicalismo de la dominación a esta brutal ontología del poder. De hecho, Nietzsche había encontrado primeramente otro camino. En tiempos del *Zaratustra* había interpretado la «insoportable» verdad del fisicalismo y del biologismo en términos de un «juego cósmico» inmanente, y él mismo había querido para sí la «segunda naturaleza» del jugador.

Sin embargo, ahora se ve claramente el precio que hay que pagar por esta forma de superación de sí consistente en sostener la «terrible» verdad de un mundo que, precisamente por haber sido analizado desde una óptica fisicalista y biologista, carece de sentido. El desenfado lúdico de Nietzsche se muestra ahora como el fruto de un violento esfuerzo, de una tensión, de un intento de superación. En el trasfondo del *juego* se encuentra el *poder,* imponiéndose a todo aquello que el desenfado lúdico podía haber reprimido. Y a ese *poder* ejercido sobre sí mismo, *con el que se alza con esfuerzo hacia el danzarín Zaratustra,* equipara Nietzsche el principio vital experimentado en vida y cuerpo propios. La vida no es otra cosa que «voluntad de poder», poder ejercido ante todo sobre uno mismo.

Nietzsche toma su concepto de poder de una vivencia interior; en este sentido escribe:

> Debes convertirte en señor de ti mismo, señor también de tus virtudes. Antes eran ellas tus señoras; pero ya no pueden ser otra cosa que tus instrumentos entre otros instrumentos. Debías enseñorearte de tu pro y de tu contra, y aprender a tomarlos y dejarlos, según tu más elevado fin.

Este *autodominio* supone para él un incremento de la vida, un aumento de intensidad, un fenómeno energético. Y sólo porque vive la relación consigo mismo en términos de relación de poder, busca en sus últimos años de lucidez argumentos biofisicalistas que le permitan construir una filosofía del poder de corte cosmológico u ontológico. El tono general del *Zaratustra* estaba aún marcado por un lúdico *dejar-ser.* La filosofía del poder de Nietzsche ya no pone el acento en el *dejar-ser,* sino en el *imponer,* ya que con gran esfuerzo tuvo que imponerse a sí mismo el ideal del *dejar-ser:* en tanto que creación de una «segunda naturaleza» sustituta de su «primera naturaleza».

Zaratustra y el príncipe Vogelfrei son esa «segunda naturaleza», y la filosofía del poder brota de la *fuerza creadora* que necesitó para poder afirmar esa «segunda naturaleza» frente a sí mismo y frente al resto del mundo.

Finalmente llega a resultarle imposible concebir la vida desde lo positivo de sus posibilidades, desde su potencialidad: ya sólo puede pensarla a partir de los obstáculos que han de ser superados. La vida *gobernante* se torna vida *subyugante.* Su dinámica se define en el combate: como fuerza aniquiladora de todo lo que se le opone.

Y lo que se le opone es su «primera naturaleza». Al principio de su trayectoria intelectual escribió lleno de intención y agudeza:

> En el mejor de los casos llegamos a un antagonismo entre la naturaleza que hemos vivido y de la cual procedemos y nuestro conocimiento, llegamos incluso a la lucha de un nuevo y severo cultivo frente a lo que ha nacido y crecido desde mucho antes, implantamos una nueva aclimatación, un nuevo instinto, una segunda naturaleza que hace que la primera se marchite. Es un intento de otorgarnos a posteriori un pasado deseado opuesto al pasado del que realmente procedemos —un intento que entraña siempre un gran peligro, pues se hace muy difícil encontrar un límite

en la negación de lo pretérito, y además las segundas naturalezas son casi siempre más débiles que las primeras.

Nietzsche, que se ha encaramado a su «segunda naturaleza» con enorme ímpetu, se ve obligado a emplear cada vez más fuerza en ocultar el retorno de su «primera naturaleza». Él, que buscó asilo en sus propios hallazgos, se siente sometido por su otra mismidad. De ahí el creciente odio a todo lo que lo rodea: todas esas criaturas, ya sean las de Naumburgo o las de Génova, Wagner o Bismarck, la inteligencia en pleno del vilipendiado Imperio alemán; todos ellos son el gran rebaño que lo acosa con el fin de hacer de él uno más. Y él contesta con fantasías de aniquilación; él, el señor al que un día todos conocerán, se agita sobre ellos.

Pero este Nietzsche especialmente lúcido también sabe que la grandeza hacia la que se dirige y que a la vez lo hace tan pequeño tiene un precio demasiado alto. Se siente amenazado por su propia obra, teme la venganza de su magna tarea una vez consumada.

> Todo lo grande, una obra, una acción, se vuelve, una vez acabada, contra quien la hizo [...]. Éste se encuentra entonces débil justo por haberla hecho; no soporta ya su acción, no la mira ya a la cara [...]. ¡La *rancune* de lo grande!

Nietzsche, defensor de la creación, de la propia gestación de una «segunda naturaleza» con el único requisito de no olvidar durante la producción de la «apariencia» el carácter aparente de ésta, se ve aquejado de aquello contra lo que él mismo nos advertía: es arrastrado por sus propias industrias y finalmente ve como su cuerpo y su vida se derrumban en todas las imágenes en las que fantaseando se ha proyectado. *Incipit tragoedia:* Nietzsche es confundido por sí mismo. La última carta antes de que enmudeciera para el resto de su vida —dirigida a Jacob Burckhardt, amigo de la familia en Basilea— comienza con las siguientes palabras:

> Finalmente hubiera preferido ser catedrático en Basilea que Dios, pero no me he atrevido a llevar tan lejos mi egoísmo privado como para desatender por su causa la creación del mundo. Como usted comprenderá, de alguna manera hay que saber hacer sacrificios, en cualquier lugar donde uno viva.

Nietzsche ha ofrecido en sacrificio su primera naturaleza a la segunda, a la inventada por él mismo. Su perdición comienza en el momento en que cree definitivamente haberse encontrado; haberse encontrado en aquel en el que culmina el destino de Occidente.

Las verdades inmundas

En el relato chino, el pintor desaparece en su cuadro. Vuelve a casa, a su hogar. Deja atrás a sus amigos. Abandona incluso aquel mundo que hasta entonces compartía con ellos. Encuentra un lugar que ya no necesita compartir con nadie: su propio mundo.

Pero aunque el cuadro sea su mundo, sus amigos todavía pueden ver la pintura, es decir, el cuadro permanece en el mundo. ¿Ha logrado, pues, el pintor abandonarlo? ¿Acaso no está presente para sus amigos en la obra y, por tanto, formando parte de la realidad? Eternamente, se despide de ellos desde el cuadro.

No cabe duda de que el pintor sigue formando parte de la realidad, pero sólo como imagen. Antes de que desapareciera en el cuadro había dos realidades: la del pintor y la del cuadro que había pintado. Ahora, tras su desaparición, sólo queda una: la del cuadro.

Éste es el anhelo que la vida del espíritu persigue desde el principio, que no se dé más la dualidad entre vida y espíritu, que sólo haya una realidad: la del espíritu. De ser así, la realidad del cuerpo, la contingencia, las ataduras que amarran al hombre en su vida cotidiana, estarían dominadas por el espíritu o se las abandonaría por medio de un éxtasis espiritual.

Este sueño se nutre de la enemistad latente entre la vida espiritual y la *otra* vida. El pintor se pone a salvo de su *otra* vida. Sabe que, aun siendo el autor del cuadro, él es algo bastante distinto de su obra. Si bien quiere superar esa diferencia ontológica: pretende ser como su obra, o mejor, quiere ser su propia obra. Quiere ser su creación, y nada más.

«Quiere ser su creación, y nada más»: mediante esta fórmula se aprecia la lógica vital interna de Rousseau, Kleist y Nietzsche.

Los tres se abstrajeron del mundo de los otros y, como el pintor en su cuadro, se encerraron en el mundo que ellos mismos habían creado.

Rousseau, como él mismo reconoce todo el tiempo, no hizo más que pintar un autorretrato, sin menoscabo de estar convencido de que un conocimiento profundo de sí mismo le permitiría asomarse al corazón de la naturaleza, de la sociedad y de los demás hombres.

Su mundo se contrapone al mundo de los otros. Entre el mundo propio y el de los demás sólo cabe la gran comunión o el enfrentamiento. Un término medio, un mundo que pueda compartirse con el resto, le resulta insoportable.

Ello lo lleva a sentirse inmerso en un mundo oscuro e impenetrable de enemigos, y a poder conversar únicamente consigo mismo. Sin embargo, la intelectualidad europea al completo es hasta nuestros días atenta oyente de sus monólogos, lo cual es bien sabido por el autor de *Las ensoñaciones de un paseante solitario*. El pintor se despide desde el cuadro.

Para Kleist, la diferencia ontológica se da entre la propia «alma» y la «tierra». Salvar la primera implica en su caso despreciar y eliminar la segunda. Una concordancia de ambas, alma y tierra, se le hace imposible; al menos nunca la vivió, sino que se limitó a soñarla en su producción literaria.

Tras grandes penurias encuentra de nuevo cobijo en el alma frente a la tierra, y no precisamente gracias a las ensoñaciones que su imaginación le proporciona. La creatividad de su alma triunfa en el suicidio. Ese suicidio es en un sentido enfático su obra; una obra en la que desaparece. Y es tal la animadversión hacia la realidad que esa «obra» encierra, que querrá llevarse consigo a toda costa a algún otro.

Nietzsche, el que escribió: «Soy la soledad hecha hombre [...]. Que una palabra nunca me colmara; ello me empujó a colmarme a mí mismo», ese Nietzsche colmó su mismidad con las invenciones que de sí mismo produjo: Dionisos, el príncipe Vogelfrei, Zaratustra... Creó para sí una «segunda naturaleza». Para ello tuvo que dejar atrás todo lo que lo unía a su origen y al mundo de sus contemporáneos. Quería volver al mundo de manera renovada, con un furor dirigido en primer lugar contra sí mismo y luego, como si de una explosión se tratara, alucinatoriamente, contra los demás, contra su mundo, contra todo. Habiendo llegado a lugar tan profundo, resurge y se alza, pero ya no logra salir de sí mismo. En este caso el pintor no se despide amigablemente desde el cuadro, sino que gesticula salvaje y amenazante, desfigurado por el dolor pero triunfal. Da claramente la impresión de que no desaparece en el cuadro, sino que se lo tragan, como un abismo, sus propias imágenes.

Los tres se ven involucrados en el mismo movimiento: se adentran en las imágenes que ellos mismos proyectan. Caen dentro de sí mismos. Quieren ser su propia obra, y ello les impide seguir perteneciendo a este mundo, pues aquí están condenados a ser ese otro que se pega a ellos, que los atrapa, que los tiene atareados, que los determina sin que ellos puedan determinarlo. Para poder hacer de su vida una creación propia tienen que tomar conciencia de que partes esenciales de ésta se resisten a ser los componentes de una obra, y que, por tanto, o destruyen esa vida pesarosa y ajena, o quedan confinados en ella.

Así es su camino a lo propio desde lo impropio. Heidegger lo definió de este modo en una ocasión: «El existir *(Dasein)* ha desertado, de entrada y en todo momento, de sí mismo en cuanto poder-ser-sí-mismo propio, ha caído en el mundo». Rousseau, Kleist y Nietzsche se apropian de sí mismos cayendo dentro de sí mismos, hasta el punto de poder despojarse del mundo de manera apacible y elegiaca o muy violenta, según el caso.

Sin embargo, esa caída dentro de uno mismo no conduce al ciego deseo, al oscuro instinto, a la espontaneidad, a lo puramente vital; tampoco a un interior sin conciencia, a un simple ser tal, a un dejar ser uno mismo. La relación establecida no es tanto un descubrimiento como una *invención* de uno mismo llevada a cabo por el pensamiento. Y lo que hace que el destino de estos tres hombres resulte fascinante es que en ellos el espíritu de autoinvención se torna *existencial,* es decir, que no se limita a correr paralelo a la vida como mera posibilidad de la imaginación, sino que la somete. Lo pensable se vuelve destino para la vida. En ese «parirse a sí mismos» (Nietzsche) en y desde el espíritu radica un furor prometeico: se forjan a sí mismos conforme a sus propias imágenes. No quieren deberle nada al mundo, ya que éste no es fiable, sino sólo a sí mismos. Entienden la verdad como un acontecimiento: la perfecta adecuación a las imágenes que ellos mismos proyectan. Y para ello hay que imprimir cierta violencia. Violencia contra los otros y contra sí mismos.

Lo que aquí tiene lugar puede denominarse *interiorización,* y la interiorización pasa por la ruptura con el poder amenazante de lo externo.

Cada uno, Rousseau, Kleist y Nietzsche, concibe lo externo de manera distinta. Si bien, para los tres, es ahí fuera, en ese mundo exterior donde, inmersos en su relación consigo mismos, se sienten totalmente ajenos. Y, sin embargo, eso externo también surge de su interior, puesto que no dejan de ser «mundanos», por lo que si quieren permanecer en su mismidad han de «superarse» a sí mismos. Se trata de una «superación» que necesariamente los separa cada vez más del mundo, y son conscientes de ello. Ven en este hecho una prueba del poder de su espíritu o de su alma. No pasan por alto el carácter subjetivo de ese poder. Solos frente al resto del mundo: en eso están de acuerdo. La vida del espíritu se individualiza. Ya no pueden concebir por más tiempo esa vida espiritual interior, en la que quieren disolver su otra vida, integrada en un espíritu que trascienda al individuo.

De que ya no puedan mantener esa concepción se desprende que los tres, con sus respectivos movimientos de ascensión, se sientan hombres *únicos*. Rousseau afirma: «No soy como una de esas criaturas que he visto». Kleist asevera: «La verdad es que nada en este mundo puede serme de ayuda», lo que significa que, si algo hubiera en este mundo que pudiera ayudar a todos los demás, a él no le serviría de nada. Y Nietzsche entra en escena proclamando que con él acontece algo absolutamente nuevo y único en la historia de la humanidad. Los tres se sienten monstruos, sin comparación o parecido posible con los demás. Dicho de otro modo: se sienten hombres que no son de este mundo. Por eso se retiran de él. No obstante, y debido a que lo efectúan con conciencia de su especificidad individual, su distanciamiento del mundo queda reducido a un acto de interiorización. Precisamente la conciencia de la especificidad individual —los tres han probado el fruto del árbol del conocimiento individualizador— les impide entender su ascensión como participación en un espíritu universal. Sólo les queda elevarse. La metafísica antigua, con su modo *objetivo* de ascensión, ha perdido para ellos toda su fuerza. Permanecen suspendidos únicamente en sí mismos, y son conscientes de ello. Pero el que está suspendido en sí mismo, «se ha suspendido en la nada». Y por ello, de los intentos de persistir en esa actitud brota una fuerza destructiva y aniquiladora.

La gran promesa de la metafísica antigua no es otra que su capacidad de sacarnos de la «caverna» y llevarnos a la luz, al verdadero ser. Incluso eso que llamamos hoy *interioridad* es considerado desde la perspectiva metafísica una «caverna». La metafísica antigua no desea que nos enterremos en nosotros mismos, no pretende *interiorizarnos,* sino liberarnos de la *cárcel* de nuestro cuerpo y de nuestros sentidos. Pero tampoco quiere dejarnos en el «mundo», sino llevarnos a otro mucho más real, fuera de la interioridad y más allá de aquél; un mundo que no es una representación *subjetiva,* que no es producto de la interiorización sino *objetivo* en grado superlativo. El mundo del espíritu.

Sólo se puede entender el espíritu de la metafísica antigua si evitamos el concepto moderno del espíritu meramente subjetivo-especulativo. Y lo comprenderemos aún menos si reducimos el pensamiento a un proceso psicológico-cerebral que permite nuestra adaptación al medio. Hoy en día diríamos: hay espíritu porque tenemos cabeza, cerebro. La metafísica antigua diría: tenemos una cabeza y un cerebro porque hay espíritu. El cerebro piensa, decimos ahora. En aquel entonces hubieran dicho: el pensamiento se sirve del cerebro. El pensamiento me pertenece, es mío, decimos hoy. Pertenezco al pensamiento y éste me trasciende, hubieran dicho entonces.

También la metafísica antigua quiere encontrar el camino de vuelta al hogar. Pero debe tratarse de un hogar para todos. No sólo el pintor, también sus amigos deben encontrar refugio en el cuadro. Asimismo la metafísica antigua invita a desaparecer. Si bien sólo desde la perspectiva actual y desde fuera, acontece este desaparecer como un enterrarse en la interioridad. El pensamiento metafísico antiguo no está todavía ligado a la topografía moderna del dentro y el fuera, de la interioridad y la exterioridad.

Para la metafísica antigua la experiencia interna del espíritu es «más real» que cualquier realidad externa. El espíritu es, desde sus parámetros, una intensificación de lo real. Por eso ese espíritu es, en el sentido que la metafísica antigua le atribuye, más fuerte que cualquier miedo a perder la realidad, más fuerte incluso que la muerte. Es precisamente el espíritu el que nos garantiza que nunca vamos a desaparecer del mundo ni de la vida. Puesto que hay espíritu no se da la nada. ¿Qué tenemos entonces que temer?

La metafísica o el intento de volver a casa

La muerte de Sócrates

Somos criaturas que además de morir, como el resto de los seres vivos, saben que han de morir. Nuestra vida tiene un límite, y además lo *conocemos.*

Sólo puedo conocer el límite de mi vida si, de alguna manera, me sitúo más allá de aquello que me limita. He tenido, pues, que *trascender* mi fin para poder pensarlo. Puedo imaginar mi cuerpo convertido en cadáver. Imaginar mi propio entierro, la tristeza de los parientes que me sobreviven. En resumidas cuentas, puedo imaginar lo que va a sobrevivirme. De hecho, puedo imaginar un mundo entero que me sobrevivirá. Tras mi muerte todo seguirá su curso, del mismo modo que ya había empezado todo antes de mi nacimiento.

Al igual que puedo imaginar una reunión de personas a la que yo no asisto, puedo imaginar también una vida que transcurra sin que yo esté presente.

Puedo imaginar un mundo sin mí.

Puedo dejar de pensarme a mí mismo.

¿Realmente puedo?

Cuando me imagino todo eso —mi muerte, mi cadáver, mi entierro, mis parientes, un mundo sin mí— queda, incluso entonces, un ineludible *resto* del yo que imagina y piensa. *Yo* dejo de pensarme a *mí.* No obstante *yo* tengo que permanecer para poder dejar de pensarme a *mí*.

En una ocasión Freud lo expresó así: «La propia muerte es inimaginable, y tantas veces como intentemos imaginarla, caeremos en la cuenta de que seguimos asistiendo a ella como espectadores». De ello dedujo la siguiente tesis: «En el inconsciente cada uno de nosotros está convencido de su inmortalidad». Pero ¿por qué apelar al inconsciente si es un hecho de conciencia que el yo pensante permanece aun cuando intenta dejar de pensarse a sí mismo? Intentamos pensar de una vez por todas la ausencia de la conciencia. Pero la conciencia está necesariamente presente en el intento de pensar su ausencia, ya que no hay pensamiento sin conciencia.

Naturalmente, la conciencia se extingue cuando, por ejemplo, cada noche me voy a dormir. No obstante, se trata de una extinción de la que no soy consciente. Si intento experimentar conscientemente el acto de dormirme no podré hacerlo, y si después afortunadamente consigo dormirme no lo habré experimentado. Sólo si no quiero presenciar mi propio adormecimiento se me otorga el don del sueño. El sueño viene cuando el «yo pienso» se va. Puedo *imaginar* mi sueño, pero entonces no estaré dormido. Me lo puedo imaginar por dos motivos. En primer lugar porque he visto a otros dormir, y en segundo porque he sobrevivido a mi propio sueño, porque vuelvo a estar despierto. También puedo imaginar mi muerte. En primer lugar porque he visto morir a otros, y en segundo... ¿Existe ese *segundo?* ¿Puedo experimentar que he sobrevivido a mi propia muerte, que vuelvo a estar *despierto?*

Por supuesto que no.

Pero aún hay algo más. Está ese hecho peculiar de nuestra conciencia ya señalado aquí: que no se deja expulsar del pensamiento, que, ciertamente, puedo pensar en mi fin, pero ese yo pensante sobrevive siempre al fin pensado para poder pensar dicho fin. Puedo pensar en mi muerte, pero, mientras piense, no puedo pensar en la muerte del pensamiento.

Con estas reflexiones alcanzamos el corazón de la metafísica antigua.

La idea de la inmortalidad no se debe a ninguna especulación ultramundana, sino a un íntimo conocimiento de lo extraño y paradójico de nuestro espíritu. La manera en que Sócrates se prepara para la muerte y finalmente muere; ésta es, según el relato platónico del *Fedón,* la escena originaria de la metafísica antigua, que ya mucho antes del nacimiento de Cristo exclamaba triunfante: «¡Muerte, ¿dónde está tu aguijón?!». A nuestra vida corpórea le ha sido otorgada la muerte, y de ahí surgen sus miedos. El pensamiento, el espíritu, osa ahora apostar contra la muerte. ¿Puede ser vivida dignamente hasta el final una vida honrada con la muerte en virtud solamente de la fuerza del espíritu? Y aún más: ¿puede la muerte, gracias al espíritu, no sólo asumirse sino incluso buscarse? En ese caso debería ser éste un espíritu que está *vivo* de una manera totalmente distinta a como la vida jamás pueda estarlo.

La historia de la muerte de Sócrates es asimismo un protocolo experimental: el pensamiento es aquí sometido a la prueba de transformar la vida para poder afrontar la muerte sin temor y, además, triunfalmente. Mejor dicho: morir no por el deseo de destrucción, sino por la confianza en una vida más fuerte que la muerte y que va más allá de ella.

La metafísica antigua se afianza en un espíritu que hallo en mí, pero que me sustenta sin que yo mismo lo haya predispuesto como sustentáculo. La metafísica antigua se afianza en un espíritu del cual cabe afirmar que no lo he concebido sino que, al contrario, él me ha concebido a mí. Pienso porque he sido pensado. En mi pensar participo de una potencia que me permite pensar. Y esto me otorga un ímpetu con el que afrontar la muerte desde la serenidad, y no desde la rebelión.

Sócrates es condenado a tomar la cicuta. El día de su muerte, como de costumbre, se reúnen sus discípulos en torno a él. Pide que se vayan su mujer y su hijo; también sus últimas horas desea pasarlas filosofando. El carcelero le advierte: hablar mucho acalora y puede hacer que el efecto del veneno disminuya y que su martirio aumente al verse obligado a tomar más. Sócrates lo asume: nada debe apartarlo de la filosofía en sus últimos instantes. Le dan las condolencias de otro filósofo que no está presente. Eveno, así se llama ese hombre, debería dejar de compadecerlo y, de ser sensato, seguirlo en su camino a la muerte. Los discípulos se sorprenden. También ellos están seguros de que una convicción filosófica puede ser un consuelo frente a la muerte, si bien Sócrates radicaliza su posición: «Cuantos rectamente se dediquen a la filosofía, sin que los demás lo adviertan, no se cuidarán de otra cosa más que de morir y de estar muertos». Suponiendo que suceda esto con la filosofía, poco crédito tendría el filósofo si a la hora de morir, o estando en peligro, se volviera débil y temeroso y se aferrara a la vida, y no caminara hacia la muerte serenamente e incluso con el corazón alegre. Sócrates argumenta con el *ethos* de la filosofía: bien entendida, la filosofía no sólo nos prepara para morir, sino que es en sí un acto de muerte en vida.

Nietzsche quiso desenmascarar en esta figura argumentativa la gran debilidad, el espíritu defensivo, cansado de la vida, de la metafísica antigua. Esta metafísica recomienda, para afrontar el final del plazo de nuestra vida, la muerte anticipada. Con el fin de que lo vivo esté lo menos expuesto posible a la muerte postrera, lo mejor es empezar ya a extinguirse, a morirse: así, cuando la muerte llegue de verdad, poco le quedará por hacer.

Frente al morir sólo nos ayuda el morir: ¿es éste realmente el consejo del metafísico?

A nuestro actual pensamiento antimetafísico esta recomendación le resulta masoquista; también los discípulos de Sócrates protestan. Por ello, Sócrates intenta hacerles comprender que la *muerte* filosófica no significa una disminución de la vida, sino un incremento. Pero esto sólo puede lograrlo recurriendo a la concepción religiosa convencional de la época, en la que la muerte no significa el final absoluto de la vida individual sino solamente la *separación* de dos sustancias: cuerpo y alma. El cuerpo es lo mortal. Está expuesto a las vicisitudes de la salud y la enfermedad. Nos enreda en pasiones destructivas: «Porque, en efecto, guerras, revueltas y batallas, ningún otro las origina sino el cuerpo y sus deseos». Pero lo principal es que los sentidos del cuerpo nos retienen en un mundo de apariencias. Hemos sido desterrados a la ilusión y al engaño, y no podemos, como seres corpóreos, llegar a conocer lo que el ser es en verdad. Nuestro ser corpóreo nos separa del verdadero ser. A la vez que somos castigados *con* nuestro cuerpo, somos castigados *en* nuestro cuerpo. «Porque cada placer y dolor, como si tuviera un clavo, clava el alma en el cuerpo y la fija como un broche y la hace corpórea, al darse la opinión de que son verdaderas las cosas afirmadas en ese momento por el cuerpo.»

La felicidad del conocimiento en tanto que triunfo sobre el cuerpo no es simplemente para el Sócrates platónico la satisfacción de una curiosidad teórica, o la adquisición de un saber instrumental que sirve a fines prácticos para la vida y el dominio de la naturaleza. La *verdad* no es una relación cognoscitiva en el sentido actual: no es solamente un juicio predicativo correcto sobre un estado de cosas. El *verdadero* conocimiento es más bien un tránsito: de un ser inferior a un ser pleno. En la *verdad* se conoce la *realidad,* y dicho conocimiento conlleva hacerse *más real.*

Para Sócrates el órgano de semejante conocimiento es el alma. Si retornamos a ella participamos de ese ser más real. Filosofar sería, según Sócrates, una retirada del alma de la «compañía del cuerpo», sería el intento, aun estando ambos mezclados, de que «el alma esté sola consigo misma».

Sin embargo, ¿con quién está el alma cuando está sola consigo misma?

Sócrates no comprende el alma como la comprendemos actualmente. No se reduce a los sentimientos, emociones, estados de ánimo, etcétera. No se trata de la *psique,* sino de la vida del espíritu. En la realidad corpórea se da un nacer y un morir, un perpetuo devenir. Nada permanece igual. En el espíritu todo es bien distinto: el devenir queda suprimido; un pensamiento permanece idéntico a sí mismo, no cambia, a no ser que otro pensamiento se le asocie o lo desplace. Aunque fijemos un pensamiento en un determinado momento y en un determinado espacio, el pensamiento en sí mismo no está ligado a tiempo o lugar alguno. Los pensamientos se nutren de impresiones sensitivas, pero albergan una marcada tendencia a desprenderse de ellas. Adquieren una movilidad independiente de los sentidos. Pueden ejercer un efecto retroactivo sobre la sensibilidad en tanto que «soberanos». Pero lo decisivo es que el pensamiento, a pesar de interrumpir el quehacer de la vida cotidiana y de no estar entre sus más inmediatas tareas, va acompañado de una sensación de vitalidad muy peculiar. Cuenta Jenofonte cómo en una ocasión Sócrates, en un campamento militar al que estaba destinado, permaneció en el mismo lugar sin mover un músculo durante veinticuatro horas, inmerso, como suele decirse, en sus pensamientos. Había adquirido el hábito, según Jenofonte, de «dirigir el espíritu hacia sí mismo», de perder el contacto con los demás y, allí donde se encontrara, volverse «sordo incluso a la arenga más enérgica».

Esta vida del espíritu es experimentada como extraordinariamente *real,* y, sin embargo, invisible por ser incorpórea, aunque, precisamente por eso, libre de los límites de lo corpóreo. Los cuerpos se hallan limitados unos por otros; el espíritu no se deja limitar. Es receptivo, es decir, atrapa lo que se encuentra fuera de él. Es reflexivo: puede relacionarse consigo mismo. No conoce irreversibilidad alguna, puede ir hacia delante y hacia atrás en el tiempo. Es espontáneo: puede continuar con su quehacer, o, si no, empezar de nuevo.

Todo lo hasta aquí recogido viene a significar lo siguiente: el espíritu está siempre más allá de lo que en la dimensión del mundo corpóreo «es el caso». Ese estar más allá se experimenta de manera preclara al reflexionar sobre la muerte y el no ser. En esto consiste aquella peculiaridad de nuestra conciencia ya mencionada: en que es absolutamente imposible pensar el propio no ser, el no ser de la propia conciencia.

Para el Sócrates platónico y para toda la posterior gran tradición de la metafísica occidental, la seguridad, la evidencia que determina la inmortalidad del alma, reposa en esa *experiencia del espíritu de sí mismo.* Radica fundamentalmente en la experiencia que el pensamiento tiene de sí mismo, y no tanto en lo que específicamente se pueda *idear* para demostrar la inmortalidad del alma. El Sócrates platónico también hace su peculiar aportación: expone cuatro pruebas de la inmortalidad del alma (tras separarse del cuerpo), pero se conforma con que al menos le concedan la probabilidad. De ahí se sigue que la certeza fundamental reside en el acto mismo del pensamiento, y no en las demostraciones concretas.

Las ideas concretas del Sócrates platónico han sido modificadas, transformadas e incluso desechadas por la metafísica de los siguientes siglos. Ya los mismos discípulos de Sócrates mostraron sus recelos en esos momentos previos a su muerte.

La primera prueba es fruto de una conexión cortocircuitada entre lo lógico y lo ontológico. En el ámbito de la lógica se acepta como válido que los opuestos se implican recíprocamente. Lo *bueno* siempre va acompañado de lo *malo,* lo *bello* de lo *feo,* lo *justo* de lo *injusto,* y así sucesivamente. La *vida* también va acompañada de la *muerte.* Y es ahí donde se produce el paso de lo lógico a lo ontológico, ya que Sócrates llega más lejos: no sólo lo vivo desemboca en lo muerto, sino que también, a la inversa, de lo muerto surge otra vez lo vivo. Por eso cabe esperar, y así concluye la prueba, que a mi tránsito a la muerte le suceda un nuevo tránsito a la vida.

La segunda prueba toma como argumento la pieza esencial de la teoría platónica del conocimiento: la doctrina de la reminiscencia. Conocer algo entraña ponerlo en relación con algo ya conocido. Disponemos de un tesoro de cosas conocidas que no hemos adquirido, vinimos al mundo ya con ellas: las ideas innatas. El Sócrates platónico concluye: luego mi alma antecede a su actual asociación con mi cuerpo. Por tanto, puedo suponer que cuando se separe de mi cuerpo seguirá existiendo, y quizá busque un nuevo cuerpo al que asociarse.

La tercera prueba se ampara en la división de todo lo existente en tangible e intangible. Nacimiento, muerte, unión y separación tienen lugar solamente en lo tangible. Como el alma pertenece al reino de lo intangible, no puede verse implicada en los procesos de nacimiento, muerte, composición y descomposición.

La cuarta prueba consiste en un argumento de naturaleza esencialista. La *esencia* del alma es dar vida al cuerpo. La vida es esencial al alma. Por consiguiente, el alma no puede contener en su interior la esencia contraria, la muerte.

El mero hecho de que se sucedan distintas pruebas a lo largo de la argumentación indica que no resultan particularmente convincentes. No en vano en el *Fedón* se las denomina «bote de emergencia» con el que «navegar por la vida». Más segura resulta, como ya dijimos, la experiencia que el espíritu tiene de sí mismo. Dicha experiencia tiene que ver con la *potencia* del espíritu para extender su autoevidencia a lo pensado en concreto, sin más y aunque no la comparta.

Esta experiencia que el espíritu tiene de sí mismo —Sócrates la denomina el estado en el que «el alma está sola consigo misma»— no puede llegar a entenderse si persistimos en interpretarla desde nuestra concepción actual de la interioridad y la exterioridad. Sócrates dice al respecto que «el alma se separa en lo posible del cuerpo y, una vez que ha reunido todas sus partes provenientes de las distintas zonas del cuerpo, se contrae», pero no se refiere a un cubil íntimo en el que el alma se concentre en sí misma. Lo individual radica en el cuerpo: es él quien nos separa y escinde. Cuando, por el contrario, nos volvemos hacia el alma, nos unimos con un ser universal que nos separa del ser inferior, por escindido, que es el cuerpo.

Dicho en términos actuales: el alma representa lo *objetivo*, y, por tanto, posee plena vigencia y constituye un mundo patente y perdurable. El cuerpo y los sentidos encarnan en cambio lo *subjetivo*, lo efímero. No incorporan esencia ni mundo. Así pues, cuando nos recluimos en nuestra alma no nos ausentamos del mundo, más bien al contrario: sólo cuando nos concentramos en ella accedemos realmente al mundo, al verdadero mundo.

El relato platónico de la muerte de Sócrates pretende demostrar que no es cierto que nos quedemos solos frente a la muerte. La muerte no es el momento de la absoluta soledad. Cabe afirmar que Sócrates no está *solo* frente a la muerte; por tres motivos.

Primero: gracias a la experiencia que de sí tiene el pensamiento, Sócrates se cerciora de un ser que lo sustenta y al que pertenece, incluso tras la muerte individual. Ese ser trascendente, como no podía ser de otra forma, es imaginado por Sócrates, el filósofo de la plaza y de los coloquios, como una versión ampliada y corregida del ágora ateniense y de su vida pública. Allí proseguirá su tarea de preguntar a los hombres, así se lo narra a los presentes: «Y sabed ahora que espero encontrarme con hombres más esforzados».

Segundo: a pesar de que Sócrates persevera en su razón individual, no abandona su apego a la religión colectiva. La religión colectiva se funda en el mito. Aquel que previamente se sirve de su razón, afirma Sócrates, puede luego «atreverse» a creer en el mito. Sócrates describe la creencia en el mito —aludiendo principalmente a la transmigración de las almas— como un «hermoso riesgo», y al respecto dice que «hay que entonar semejantes encantamientos para uno mismo». En su opinión, entre la experiencia del pensamiento, es decir, la razón, y el mito no hay ninguna contradicción fundamental. La razón lo ha llevado hasta el pensamiento de la inmortalidad, y el mito viene a constatarlo, constatación que tiene lugar en el espíritu colectivo.

Tercero: Sócrates pasa sus últimas horas conversando con sus amigos y discípulos.

En un sentido muy concreto Sócrates no se encuentra solo frente a la muerte. Hasta el último momento comparte con los otros el mundo que les es común. No se produce ningún intento de huir del mundo, no hay ninguna caverna interior. Incluso a la hora de morir, el filosofar de Sócrates sigue siendo una tarea pública. Su pensamiento cobra sentido en la comunidad. Ni tan siquiera sus últimas reflexiones antes de morir son *íntimas*. Sócrates, llevado a este trance por la comunidad, lo asume, incluso a última hora, con responsabilidad a la par que con agradecimiento.

Pudiera ser, dice Sócrates al final del coloquio, que sus ideas sobre la inmortalidad del alma fueran falsas, si bien no habrían dejado por ello de servir a la comunidad: «Si no hay nada más para los muertos, habré hecho al menos este rato previo a mi muerte menos desagradable a los presentes que si hubiera estado lamentándome».

Por un instante se abre el abismo de la duda. Pero Sócrates no cae en él. Con respecto a sus pensamientos está expuesto a los demás tanto como a sí mismo; su certeza le otorga el apoyo suficiente para darles un ejemplo edificante. Podría decirse que incluso superar el miedo a la muerte es para él una *labor social*. Se halla, de una manera reconfortante, imbuido por la responsabilidad pública de su muerte. Morir no es para Sócrates una situación existencial límite a la que uno tenga que hacer frente en absoluta soledad. Se sigue perteneciendo a un orden superior del ser en el que la vida en sociedad está incluida.

Este espíritu sirve a Sócrates de argumento contra el suicidio. Sin salir del *puro* pensamiento llega ya a la conclusión de que uno no es dueño de sí mismo, es más, se debe al ser y a las ideas de bien, de justicia, etcétera. Por eso no se puede disponer libremente de la propia vida. Pero también en estas reflexiones se asegura una ayuda de carácter mítico-religioso: pertenecemos a la grey de los dioses, y por ello no podemos disponer de nosotros mismos.

Sócrates, como es sabido, podría haberse fugado de la prisión. Pero no lo hace. Hasta el último momento asume las leyes de esa comunidad que lo ha condenado. Las obedece, a pesar de su convencimiento de que en este caso han sido aplicadas ilícitamente. La forma en que la sentencia ha sido dictada es garante suficiente: una mayoría se ha pronunciado en su contra, y por ello rehúsa contestar con la insubordinación a esas leyes de la ciudad injustamente dictadas.

No tiene por qué temer a la muerte. Tres instancias lo amparan: *el ser experimentado en el pensamiento, la divinidad y la comunidad.* Conocer la verdad no es otra cosa que sentirse sencillamente *parte integrante* de esas tres instancias. Conocer la verdad me otorga la apaciguadora y reconfortante certeza de pertenecer a un orden superior.

La verdad del amor

Existe la metafísica porque la *física* de la vida conlleva dolor, miedo y muerte. La metafísica explica la realidad en la que sufrimos como *superficie,* como apariencia, y propone echar un vistazo al fondo, a la *esencia* de lo real, donde descubre un orden con el que conciliar nuestro pensamiento. La metafísica encuentra cobijo en un mundo extraño y amenazante cerciorándose de la existencia del *verdadero* mundo. Pretende hacer comprensible la atormentadora y desconcertante ininteligibilidad del mundo invitando al pensamiento a avanzar un paso más allá de lo que la sensibilidad humana ambiciona. También enseña a los acobardados hombres a no confiar en sus ojos ni en sus oídos, ya que éstos no los informan muy felizmente. Les proporciona ojos y oídos *espirituales* con los que poder descubrir un mundo en el que habitar con pleno derecho. Su mensaje final reza así: ¿de qué tenéis miedo? ¡No estáis solos!, ¡formáis parte de un orden superior que os sustenta! La metafísica es una protesta contra la monstruosa frialdad del espacio vacío y la materia móvil. La metafísica cree en la legibilidad del mundo, en un código secreto que permite descifrar su sentido.

En los comienzos de la metafísica, en Grecia, no cabía esperar que ésta pudiera llegar a dar en algún momento un giro pesimista, que descubriera el abismo en el fondo del ser en lugar del buen orden, que desembocara en el horror en lugar de en el sentimiento de seguridad.

También en la antigua Grecia circulaban *verdades* sombrías. «Lo mejor sería no haber nacido», reza la sentencia de Sileno, compañero de Dionisos. La metafísica griega nació precisamente con la pretensión de oponer a esas verdades tenebrosas de la mitología verdades más luminosas, verdades que debían hacer vivible la vida y eliminar la mortalidad de la muerte.

Pero tras dos mil años de historia, la metafísica ha caído en la desesperación que anhelaba superar. Contemplar la monstruosa frialdad del espacio vacío y una materia violentada por una voluntad ciega será, con Schopenhauer, una de sus últimas aportaciones: «En el espacio infinito, incontables esferas luminosas, cada una de ellas rodeada por una docena de otras más pequeñas y resplandecientes girando a su alrededor, incandescentes por dentro, recubiertas por una corteza fría sobre la que una capa de humus ha engendrado un ser vivo y cognoscente: ésta es la verdad empírica, lo real, el mundo» (Schopenhauer).

No obstante, esa desesperación que la metafísica antigua apaciguó ya había empezado a agitarse en la primera metafísica cristiana.

La metafísica antigua había reflexionado sobre un ser estático y concluso. La cristiana, partiendo del relato bíblico de la creación, empezó con san Agustín a meditar sobre una nada inquietante. Dios ha creado el mundo de la nada, por eso mismo puede volver a reducirlo a ella.

San Agustín plantea en sus *Confesiones* una pregunta casi estrafalaria: «¿Qué hacía Dios antes de crear el cielo y la tierra?». Y, tras una minuciosa consideración, ofrece la no menos estrafalaria respuesta: «Antes de crear el cielo y la tierra, Dios no hacía nada». Ese Dios ocioso decide, «en un momento cualquiera», dejar ser al ser; y en cualquier momento puede hacerlo «dejar de ser», es decir, hacerlo desaparecer.

Dios es la libertad absoluta: no está atado a ninguna obligatoriedad que nuestro entendimiento pueda concebir. Y por eso no hay en el ser esa tranquilizadora necesidad que la metafísica griega había encontrado en su seno. La metafísica cristiana descubre en el fundamento del ser la insondable voluntad divina.

Esto viene a significar que *el ser no se sustenta a sí*

mismo. Al consistir en una *creatio ex nihilo* se ve siempre necesitado de la *creatio continua*. El mundo y los hombres no pueden autoabastecerse, sino que son asistidos por la afluencia constante de la gracia divina. Según la metafísica griega el hombre era, en tanto que *pensante*, un ser capaz de sustentarse a sí mismo, ya que en el pensamiento era uno con el ser autosuficiente.

La metafísica cristiana también conoce un poder sustentado en sí mismo: Dios. Pero Dios no puede ser pensado, pues Dios no está sometido a ninguna de las condiciones de lo pensable: es espontaneidad absoluta, libertad. Y precisamente porque Dios, ese origen del ser, nos resulta impensable, no podemos alcanzar nuestra autosuficiencia por medio del pensamiento. El conocimiento no es suficiente ayuda para el hombre, ya no es ese garante que la metafísica griega prometía.

En la metafísica cristiana el hombre, en su indigencia, no es un ser necesitado de conocimiento, sino *necesitado de amor*.

No hay que olvidar que la metafísica cristiana, con sus especulaciones sobre Dios, pretendía convulsionar el centro mismo de la experiencia humana. El rodeo dado por las reflexiones en torno a Dios la preservaba de que los hombres la consideraran demasiado tosca. De este modo encontró el valor suficiente para elevar un hecho básico de lo humano —que el hombre no puede vivir sin amor— a principio cósmico: ni el mundo ni el hombre, nos enseña la metafísica cristiana, podrían existir siquiera un instante sin el amor de Dios. Lo dicho del amor de Dios es igualmente válido para su libertad. Nada consigue someterla. Es una voluntad absolutamente libre y espontánea. No podemos contar con ella como lo hacemos con un acontecimiento cuya necesidad hemos constatado. Sólo soy capaz de experimentar el amor de Dios en mi amor a Dios. La confianza en uno mismo y en el mundo sólo se logra a través de la experiencia de dicho amor.

Se trata de un pensamiento marcadamente realista, ya que juega con una experiencia que todo el mundo ha tenido pero que la mayoría reprime al llegar a adulto: sólo si hemos sido mantenidos por amor seremos luego autosuficientes. En cualquier caso, tenemos previamente que haber sido amados para poder amarnos a nosotros mismos; sólo aquel que se ama a sí mismo puede también amar a otros; sólo aquel que puede amar es amado, y por ello perdurar en el curso de la vida. No era, por lo visto, tan mala la idea de la metafísica cristiana de ubicar el amor en el corazón mismo del universo, concibiéndolo como la fuerza que sostiene al yo y al mundo. El principio ontológico de la metafísica cristiana reza pues: *ser amado es condición previa para poder ser.*

Este principio se torna insólito e inaceptable para el hombre descreído de hoy. Si no hay más remedio, lo admitirá para el temprano desarrollo del ser humano. Pero entonces será suficiente con un padre y una madre afectuosos, sin que sea necesario *inventar* un dios. Quien estime válida la ontología del amor para el hombre, sin dejar de ser un ilustrado crítico de la religión, argumentará: los hombres han *inventado* un dios amante para compensar la falta de amor en sus condiciones de vida.

Semejante crítica a la religión rebaja, como tantas otras veces, lo criticado. Para desentrañar mecanismos de proyección se necesita poca perspicacia. Podemos, sin embargo, confiar tranquilamente en la agudeza de la metafísica cristiana. No es la atribuida ingenuidad de la proyección la que provoca que ésta eleve la ontología del amor, propia de lo humano, a una ontología fundamental del ser. La metafísica cristiana no puede aceptar que haya una diferencia insuperable entre la criatura humana y el resto de la creación. Precisamente porque parte del conjunto de lo creado, es plausible la suposición de que en el hombre, como ser dotado de conciencia, se experimente de manera mucho más clara e inmediata cuál es su relación con el ser y qué es necesario para poder ser. Si el hombre sólo puede sustentarse por medio del amor, ¿por qué iba a ocurrir de otra manera con la naturaleza creada no humana? ¿Qué otra instancia iba a sustentarla si no es principio de sí misma ni goza de autosuficiencia? Tiene por tanto que estar implicado el *amor* en el juego cósmico para que la naturaleza siga su curso.

Esta última premisa, según la cual la naturaleza no puede sustentarse sola, será impugnada de manera definitiva en los albores de la modernidad, y supondrá el declive de la unión de ser y amor.

Desde los comienzos de la Edad Moderna se impone la premisa contraria: la naturaleza está organizada de tal manera que puede sustentarse a sí misma. En ella operan reglas susceptibles de ser estudiadas; en su mayoría, leyes de conservación del estado. De la semilla viene el fruto, que nuevamente produce una semilla. Las fuerzas del crecimiento son inherentes a la naturaleza, lo que conduce al pensamiento de su evolución. El principio de inercia de Newton es la primera formulación *clásica* de una ley de conservación del estado: todo cuerpo persevera en su estado —ya sea de reposo o de movimiento— a no ser que actúen sobre él otras fuerzas. Y para esas otras fuerzas el principio de inercia es igualmente válido: no pueden actuar de manera distinta a la que actúan de no mediar otras fuerzas, y así sucesivamente. El siglo XIX alumbra la segunda ley *clásica* de conservación del estado: la ley de conservación de la energía. En el cosmos no se da disminución o incremento alguno de la energía existente, sino transformaciones de las formas de energía (como, por ejemplo, la materia); transformaciones que de nuevo pueden ser descritas por medio de leyes. De este modo llega la modernidad a una imagen del mundo donde el cosmos no necesita para su conservación la afluencia constante de la gracia y el amor de un creador. La *creatio continua* es eliminada o, mejor dicho, integrada en el proceso natural. Giordano Bruno, en los albores de la Edad Moderna, fue uno de los que pretendieron unir el dogma moderno de la conservación propia con la necesidad de amor de la naturaleza. Su atrevida propuesta es la siguiente: el proceso natural debe contemplarse como una historia de amor. La creatividad increada es la autoafirmación, el amor de la naturaleza a sí misma. Sin embargo, la hipótesis de Bruno no es más que una ramificación de la corriente principal de secularización moderna, la cual desemboca en la representación del cosmos, ya sea concebido mecánica o energéticamente, como *perpetuum mobile.*

No obstante, el principio, el comienzo, la *creatio ex nihilo,* presentó considerables dificultades a la moderna concepción de la autoconservación del mundo. Sin menoscabo de que las leyes de autoconservación resulten plausibles, ¿cómo ha empezado todo lo que luego por sí mismo se conserva y evoluciona? Las leyes de autoconservación presuponen la existencia previa de aquello que ha de conservarse. Estas leyes han tenido que recibir en su inicio algo que conservar. Ha de haber un principio, y, antes de él, la nada; o mejor: Dios y la nada.

Durante un tiempo de transición (que en parte llega hasta nuestros días) la *creatio ex nihilo* mantuvo su vigencia bajo la forma de la hipótesis del relojero.

Dios ha fabricado el reloj, lo ha dispuesto todo con

sumo esmero, y ahora funciona por sí mismo. Sólo los relojes de mala calidad requieren la intervención del relojero. Dios, la perfección, no fabrica relojes defectuosos.

La hipótesis del relojero impulsó la razón teórica e investigadora. Pues ahora, piadosamente asombrada ante la perfección de la obra de Dios, podía sentirse capaz, primero de entender el mecanismo, y luego, decidida a intervenir y en virtud del conocimiento de las leyes, de fabricar sus propios ingenios.

La hipótesis del relojero era también el modo más elegante de prescindir del intervencionismo divino. Desde ese momento, la naturaleza podía funcionar sin la gracia. Esto trajo como consecuencia un notable enfriamiento de nuestra relación con el mundo, sin duda compensado por un calentamiento de otro tipo, ya que esa naturaleza *enfriada* se tornó susceptible de ser dominada por la técnica y de ponerse a nuestro servicio. Sin embargo, el relojero divino llegó a quedar obsoleto en la modernidad: persistía el problema del principio. Magma, explosión, niebla originarios: todos ellos principios inadecuados, pues lo que pretenden inaugurar ya había comenzado antes.

En este punto, el problema del principio, se observa con claridad el carácter abismal del génesis bíblico: Dios creó el cielo y la tierra de la nada. La doctrina de la creación sitúa en el principio una espontaneidad absoluta, una total contingencia. Nada obligaba a Dios a crear un mundo, y por eso nos es imposible descubrir leyes necesarias que expliquen el porqué del cosmos, de ese magma originario, de esa niebla matricial. Tratamos con la absoluta contingencia, dicho en términos modernos. *Contingencia* significa: «lo existente podría perfectamente no haber existido». La fe creacionista identifica la opción *libre* de Dios por el ser con su amor. El amor es el fundamento del ser. Pero que el amor sea libre vuelve inútil todo intento de descubrir su necesidad, tan inútil como el de conocer el principio. El creacionismo torna el principio incognoscible en inexplicable amor al ser, amor que no se puede conocer, pero sí captar por la fe. La fe implica responder al amor con amor. La modernidad ya no sabe responder al ser con amor, por lo que se quedará sólo con el carácter innecesario de la *creatio ex nihilo,* con la contingencia del principio. Pero este pensamiento insufrible ningún hombre lo llega a asumir realmente en su disposición de ánimo, ya que el hombre es, como dijimos, una criatura necesitada de amor. Difícilmente puede renunciar a la sensación de ser *apreciado.* En eso sigue siendo ptolemaico.

La separación entre razón y creencia

La Edad Media no confió en que la razón tuviera suficiente fuerza como para que el hombre se sustentara en sí mismo; apeló al empuje de la voluntad y del espíritu: fe, amor, esperanza..., y los hermosos actos divinos que éstos prometen.

Dios, garante válido, no se deja aprehender por medio de la razón, sino sólo gracias a un *corazón puro* y a cierta disposición de ánimo.

Con todo, la Edad Media levantó grandes catedrales a la especulación filosófico-conceptual. Los sistemas doctrinales escolásticos de Anselmo de Canterbury, Tomás de Aquino o Alberto Magno son en sí construcciones sumamente racionalistas que de manera ambiciosa pretenden pensar el concepto de Dios, si bien, para lograrlo sólo confían en el poder de la fe. El pensamiento se erige sobre unos cimientos que él mismo no ha dispuesto. Por ello, estos sistemas conceptuales no son construcciones que se sostengan por sí mismas. Si la premisa de la fe faltara como realidad vivida, todo se derrumbaría. Teología, ciencia natural y ciencia humana se entrecruzan en ellos.

La fe contiene las verdades universales que luego la razón hace efectivas; pero más decisiva aún resulta la formación de una estructura colectiva proveniente también de la fe, el amor y la esperanza. El hombre, en tanto que criatura necesitada de gracia y amor, constantemente renueva su fe en la comunidad de creyentes.

Las instituciones, rituales y tradiciones que conforman toda una historia colectiva de la religión resultan ser un valioso apoyo. Todavía no se da, como más tarde en el protestantismo, la exigencia de un encuentro en soledad del hombre con su dios. La fe no era vivida como un acontecimiento íntimo de una interioridad escindida y dejada a solas, sino como un acto público. La metafísica cristiana medieval, sin menoscabo de su espiritualidad mística, *cobró realidad* en instituciones y parámetros externos y sociales. Dicho con el lenguaje filosófico de la Edad Media: *Universalia sunt realia,* «los universales son reales» (es decir, la fe, articulada gracias a la razón, puede asumirse sin problema, ya que ha cobrado *realidad* en la vida social). El caudal de gracia que sirve de soporte a la vida se ha regularizado firmemente, por así decirlo. Ya no hay sitio para fisura o abismo alguno.

Sin embargo, ese mundo cerrado, que se había vuelto un lugar seguro donde habitar, termina por resquebrajarse. Los factores económicos y sociales de dicha quiebra no van a ser aquí expuestos, pues es más importante para nuestro recorrido reparar en cómo la conciencia, a pesar de todo, intenta volver a recuperar la certidumbre.

El llamado «nominalismo», surgido en el siglo XIII, hizo saltar por los aires la espiritualidad medieval. No consistía en un ataque a las certezas de la fe, al contrario, pretendía liberarlas de su estrecha vinculación con los conceptos de la razón. Apuntaba a una doble emancipación: la de la creencia con respecto al conocimiento y la del conocimiento con respecto a la fe.

Dios, la creación, su gracia, su amor, su perfección..., todas las ideas que nos hacemos de estas cosas, todos nuestros conceptos, no contienen la *cosa* misma. Dios y el mundo por Él creado son ante todo conceptos, y nuestros conceptos sólo son *nombres*. Ésta era la tesis principal de los nominalistas. El realismo que se alzó contra la crítica nominalista sostuvo la *realidad* de nuestras ideas relativas a Dios y a su creación. El realismo defendió también la verdad de la metafísica *realizada* en el orden social y eclesiástico. No era admisible un abismo entre el conocimiento y la fe, entre las instituciones sociales de este mundo y su sentido metafísico.

No obstante, ese abismo fue abierto por el nominalismo, con importantes y paradójicas consecuencias para la Edad Moderna. Por un lado radicalizó la pureza de la fe y defendió la experiencia mística frente a la teología racionalista. Lo inefable debía ser protegido para poder seguir siendo inefable.

Por otro, la crítica nominalista a la religión contribuyó a la emancipación de la razón mientras todavía había una experiencia viva de la fe. Cuando esa vivencia dejó de darse, de la separación nominalista entre conocimiento y creencia sólo quedó un saber puro, para sí mismo exento de fe. Lo cual acarreó que la *destitución de la razón* en las cuestiones de fe se transformara en una plena *autorización* para los asuntos y acontecimientos de este mundo.

Como más tarde lo hiciera Kant, el nominalismo negó la competencia metafísica de la razón, pero a su vez le abrió el campo de la experiencia empírica. Sentó las bases de las modernas ciencias experimentales.

El nominalismo supuso la consumación de la conciencia del lento derrumbamiento del antiguo orden. El miedo al mundo adoptó la siguiente forma: Dios es inalcanzable para nuestra razón, y, sin embargo, lo necesitamos. Pero el nominalismo es también la conciencia de un nuevo camino hacia la certidumbre: la puerta de la ciencia empírica y de la dominación de la naturaleza mediante la técnica quedó desde entonces definitivamente abierta.

Un resto de confianza en Dios
Descartes

La Edad Moderna alcanzó la seguridad en el mundo desde la conciencia empírico-científica. Sabedora de ello, dirigió su mirada hacia la realidad exterior, la cual está plagada de enigmas y regiones inexploradas. Hay que hacer frente a sus enigmas como Edipo a la esfinge, pues siempre acecha el peligro de ser tragado por esos enigmas, de caer en el abismo. La confianza de la razón en sí misma es necesaria para poder resistir ese miedo.

¿En virtud de qué puede la razón confiar en sí misma? ¿Acaso la razón posee fundamentos racionales? ¿Es la razón un ser que se sustenta a sí mismo? Se pueden afinar más estas preguntas planteando una disyuntiva:

¿podemos confiar en nuestra razón o tenemos que recurrir además al amor de Dios?, ¿depende nuestra posibilidad de ser del amor o de la razón?

La temprana Edad Moderna era consciente de que sin un compromiso entre amor y razón no podía conducirse. El compromiso rezaba: Dios nos ama en nuestra razón, por tanto podemos amarla, es decir, confiar en ella.

Al principio de la singladura de la racionalidad moderna imperaba el *amor* a la razón o, lo que es lo mismo, la fe en la propia razón. La fe refrenda la razón. Su legitimación todavía no se debe a los aún escasos éxitos prácticos del conocimiento de la naturaleza; no son las conquistas cosechadas, sino el amor de Dios el que impulsa la aventura de la razón. Rara vez la razón moderna expone su secreto y nada razonable sustrato. No obstante, en sus comienzos las cosas eran muy distintas, como bien ilustra el ejemplo de Descartes.

Descartes tiene una confianza plena en el conocimiento científico. De hecho, nos muestra cómo podemos adquirir un conocimiento seguro de la *res extensa,* del mundo exterior y corpóreo.

Y, sin embargo, se embarca en un monstruoso experimento escéptico concebido para conducirlo a una certeza última y absoluta. Con su ejercicio de la duda, Descartes demuestra que el pensamiento puede llegar a reflexionar hasta un punto en el que el mundo corpóreo en toda su extensión, la *res extensa,* se ponga en entredicho, quedando únicamente la sustancia pensante, la *res cogitans.* Toda certeza queda suspendida, excepto la certeza del propio acto de pensar. Eso quiere decir la famosa frase: *Cogito ergo sum.*

Mas esa certeza equivale a la más absoluta soledad, a la pérdida del mundo. En su experimento, Descartes ha separado tan radicalmente al hombre del mundo que ese yo sin universo ya no logra recuperar la confianza en algo que no sea él mismo. El propio Descartes dice al final de sus *Meditaciones* que su duda quizá sea exagerada e incluso ridícula, por lo que subraya su aspecto metódico y niega sus implicaciones existenciales. Pero esas implicaciones se dan, puesto que la escisión metódica entre yo y mundo se ha llevado a cabo con el fin de dejar claro que para poder confiar en nuestro pensamiento hemos de construirlo secretamente sobre Dios. Descartes pretende demostrar que la razón pensante necesita el amparo de Dios. Abandonada a su suerte, está totalmente perdida.

Si la razón se atiene *sólo* a sí misma, hasta las últimas consecuencias, entra en el delirio de la locura. Pero en el peligro está la salvación, ya que es la propia razón quien reconoce necesitar la confianza en Dios para poder conservar la que tiene en el mundo.

Descartes se ubica en el principio del proceso evolutivo de la Edad Moderna hacia una confianza en el mundo fundada en la ciencia. En este principio una cosa es segura: hace falta mucha confianza en Dios si la razón pretende acometer la tarea que ella misma se arroga.

La metafísica del «como si» *Kant*

Con Descartes, un dios era garante de la concordancia entre el orden del pensamiento y el orden del ser. La razón reconoce la necesidad de la existencia de ese dios, pues lo necesita para poder considerarse a sí misma una razón que funda el mundo y lo hace habitable.

Doscientos años después comienza Kant el prólogo a su *Crítica de la razón pura* con la siguiente frase: «La razón humana tiene el singular destino [...] de hallarse acosada por cuestiones que por plantearlas su propia naturaleza no puede rechazar, pero a las que tampoco puede responder, pues sobrepasan todas sus facultades».

Las cuestiones a las que, según Kant, no puede responder la razón, son las metafísicas: la pregunta por el comienzo del mundo, por su sentido, por la inmortalidad del alma.

A lo largo de dos mil años la metafísica ha bosquejado un mundo propio *tras* el mundo de las apariencias. Para Kant todo eso no son más que especulaciones de una razón que aún no conoce sus límites y que por ello rebasa el ámbito de sus competencias. De ahí sólo surgen afirmaciones vacuas que deben ser criticadas. Kant se puso a ello, y por eso se ganó entre sus contemporáneos la fama de *aniquilador*.

La razón es incapaz de dar respuesta a las cuestiones metafísicas; partiendo de este hecho, Kant investiga el alcance y los límites de nuestro conocimiento racional. Descubre que no podemos conocer de ningún modo cómo es la realidad «en sí», ya que nunca la captamos «pura», sino filtrada por las formas de nuestro conocimiento. La amoldamos a nosotros. Esas formas del conocimiento se dan a priori, no son el *resultado* de la experiencia, sino su *condición previa*.

Los a priori más importantes descubiertos por Kant son las formas de la intuición (el espacio y el tiempo) y la categoría de causalidad.

Esto supuso un descubrimiento asombroso, y no sólo para sus contemporáneos. El espacio y el tiempo se consideraban los supremos garantes de la objetividad, y ahora Kant demuestra que sólo son meras herramientas de nuestro espíritu. Sólo nuestra intuición subjetiva se ocupa de ubicar las cosas y los acontecimientos en un determinado punto del espacio y del tiempo.

De igual modo se comporta, según Kant, la causalidad. No se trata de un esquema del mundo exterior, sino de un esquema mental que imponemos a ese mundo exterior. Nuestro entendimiento es el único encargado de organizar los datos recibidos por nuestros sentidos conforme al principio de causalidad.

Con la demostración kantiana de la subjetividad del principio de causalidad se rompen las cadenas argumentativas, férreamente forjadas durante siglos, de la demostración racional de Dios, por la cual, habida cuenta de que todo tiene su causa, tenía que haber un primer causador. Con su *Crítica* Kant destruye la metafísica tradicional, a la par que saca de la pila bautismal la moderna teoría del conocimiento.

Tanto para nuestra percepción como para nuestro pensamiento, concluye Kant, hay un solo mundo, el mundo «fenoménico». De lo que el mundo sea «en sí» —Kant habla de la «cosa en sí»— nada podemos saber, exceptuando un aspecto que trataremos más adelante.

Algunos hombres de su época, como, por ejemplo, Kleist, malinterpretaron a Kant. Se le acusó de haber convertido nuevamente al hombre en un sonámbulo inmerso en un mundo imaginario que, desamparado, se aferra a su error mientras sobre él se cierne la amenaza de un mal despertar. Mas no era ésta en absoluto la intención de Kant; para él, el entendimiento es un bien común a todo hombre que lo instala, tanto en la teoría como en la práctica, en un mundo que compartir con sus congéneres, donde poder entenderse y actuar de forma razonable. La universalidad del entendimiento otorga por tanto cierta seguridad. En un mundo en última instancia desconocido —Kant llega a llamarlo «océano tempestuoso»—, podemos manejarnos perfectamente con nuestro entendimiento. Confiados en la experiencia y el saber, no alcanzamos ninguna verdad absoluta, pero sí el conocimiento suficiente para construir un mundo para todos los hombres y poder hacer frente a la naturaleza. Hoy en día diríamos: las formas de nuestra experiencia y nuestro conocimiento son *verdaderas* en la medida en que biológicamente se adaptan a nuestro entorno. Son funcionales en el sentido que pueden serlo la morfología de nuestras manos o el caminar erguidos.

Con todo, las cuestiones metafísicas no pueden ser respondidas, pues toda respuesta refleja únicamente la estructura de nuestro pensamiento.

Pero Kant también dice que no poder rechazarlas «pertenece a la naturaleza de la razón».

Kant propone un peliagudo número de equilibrismo: no podemos aspirar a dar respuesta a las cuestiones metafísicas, pero tampoco podemos renunciar a ellas. No es posible buscar amparo ni en la seguridad de una metafísica especulativa, ni en la antimetafísica solidez de un mundo exclusivamente empírico. Antes que dar su aquiescencia a cualquiera de las dos posibles soluciones, Kant persevera tanto en los interrogantes como en su carácter irresoluble.

Pero ¿por qué la razón no puede renunciar a plantear las preguntas sin respuesta de la metafísica?

La respuesta de Kant es sorprendente: la misma capacidad que permite a la razón conocer el carácter irresoluble de las cuestiones metafísicas se ve a la vez obligada a plantearlas. Esa capacidad consiste en que la razón *puede reflexionar sobre sus propios límites* (en sentido estricto, la razón no es otra cosa más que esa reflexión, mientras que el ámbito del entendimiento comprende el conocimiento ordinario del mundo, es decir, el relativo a espacio, tiempo y causalidad). Conocer los límites permite transgredirlos. No en el sentido de adquirir un saber positivo de lo que se encuentra más allá de ellos, pero sí en el de tomar conciencia de que ese más allá existe, de que hay un mundo «en sí». La propia idea kantiana, carente de contenido, de la «cosa en SÍ» marca ya esa transgresión de los límites.

Precisamente por desembocar dicha transgresión en el vacío, el afán de especulación es avivado por el miedo; ya que, según Kant, el vacío nos horroriza. La razón sufre de *horror vacui,* y por eso prefiere llenar ese vacío espeluznante con especulaciones disparatadas a dejar sin respuesta esas preguntas que exceden los límites de la experiencia.

Pero como la capacidad reflexiva de la razón no es otra cosa que la acción de la libertad en el ámbito del pensamiento, puede afirmarse que la *libertad* es la causante de que los hombres se planteen cuestiones metafísicas, del mismo modo que el horror al vacío los induce a querer responderlas.

Por eso, para Kant el problema de la metafísica esencialmente tiene que ver con la libertad y con el miedo que ésta conlleva. La libertad se ubica en el centro de su filosofar: a su juicio se trata del más inaudito de los misterios.

El misterio de la libertad constituye el centro en torno al que secretamente gravita toda la filosofía kantiana. El propio Kant lo admitió en una carta al confesar que el problema de la libertad lo había sacado del «sueño dogmático»: «El hombre es libre, y, sin embargo, no existe la libertad, todo es, conforme a las leyes de la naturaleza, necesario».

Las acciones del hombre están, como cualquier otro acontecimiento, sometidas a una estricta causalidad. Esto es válido cuando se observan las acciones de los demás, o incluso las propias, *desde fuera.* Pero existe otra perspectiva: la experiencia interior de la acción. En ella acontece el momento abierto de la decisión. Puedo obrar de esta manera o de otra. Seguramente podré descubrir a posteriori las causas de mi acción, pero en el momento de actuar esto no supone ningún consuelo frente a lo ineludible de la decisión. En el momento de decidir, momento en que la libertad entra en juego, cada uno se suspende en la indeterminación, e irremisiblemente tiene que determinarse a sí mismo. En cada uno de esos momentos se rompe el universo del ser necesario y tiene lugar un estado de apertura que despierta nuestros miedos. El miedo a la libertad provoca la búsqueda desesperada de protección en lo necesario. Pero esa protección es engañosa, no logra evacuar su raíz incondicionada, puesto que es un intento libre de erradicar la libertad.

La metafísica anterior reflexionó sobre el carácter insondable de la libertad divina. Kant en cambio explora el carácter insondable de la libertad humana.

Si el mundo aparente está determinado por la necesidad a la par que cada uno experimenta en sus carnes la experiencia de una libertad que no admite explicación alguna, hemos de concluir que el hombre habita en dos mundos. Unas veces se ve a sí mismo como un *fenómeno,* como una partícula más del mundo de los sentidos que existe conforme a sus leyes; otras, en el reino de la experiencia interior, es un *noúmeno,* una «cosa en sí», no sometida a las leyes del mundo aparente: sin necesidad, sin causalidad, un ser libre y por ello inexplicable (ya que explicar no es otra cosa que aplicar el principio de causalidad).

La metafísica antigua en sus especulaciones sobre el principio del mundo extrapoló, a veces sin percatarse de ello, el misterio de la libertad humana a la totalidad del cosmos, y a la hora de concebir dicho principio delegó en la libertad divina.

Kant toma el camino contrario: también se ocupa del principio del mundo, si bien para terminar profundizando en la asombrosa capacidad humana de *poder empezar*.

Esa capacidad para poder empezar no es otra cosa que autonomía, libre dominio de uno mismo. Pero el autodominio no se hace efectivo, a juicio de Kant, en el *querer,* sino en el *deber.* Esta afirmación no es gratuita, ha sido consecuentemente pensada. La voluntad es instinto, es nuestra naturaleza. Y lo que nuestra naturaleza ambiciona no es de ningún modo libertad, sino necesidad natural. Somos por consiguiente libres cuando adquirimos la fuerza suficiente para romper las cadenas causales que como a criaturas naturales nos atenazan. La libertad es el triunfo sobre nuestra naturaleza instintiva. Somos libres cuando superamos la naturaleza que nos determina. Por eso nuestras acciones son indeterminadas cuando libremente plegamos nuestra conducta al deber y no a un querer instintivo. Ese deber libremente elegido es lo que Kant llama «conciencia».

Entre la acción y la conciencia no se da una relación de causa y efecto como en el mundo aparente.

La conciencia nunca es *causa* de una acción, sino *fundamento* libremente elegido. Pero ¿qué nos dicta la conciencia? La respuesta de Kant es sencilla: la conciencia nos dicta acciones que nuestra naturaleza instintiva jamás podría provocar. Nuestra naturaleza aspira a conservarse, sin más miramientos. En virtud de ella todo queda reducido a simple medio para la autoconservación. Por el contrario, la conciencia no nos dicta sino esto: el prójimo no puede ser degradado a medio para mis fines. Tengo que respetar su libertad, tengo que convertir su libertad en el fin de mis acciones si quiero que el uso de mi libertad sea digno de un ser humano.

Kant tilda estas acciones determinadas por la conciencia de «morales». Para él, moralidad y autonomía son vinculantes. Desde estos parámetros el dios de la metafísica anterior no desaparece del todo. Debemos atender incondicionalmente al *deber,* dice Kant, *como si* fuera impuesto por un dios. Este dios de la moralidad es un dios que, según Kant, hemos de «inventar» necesariamente nosotros mismos. Así pues, somos libres sólo en aras del uso correcto de la libertad. Kant: «Suena en verdad arriesgado, pero en ningún caso es condenable decir que todo hombre se forja un dios...».

Volvamos nuevamente nuestra vista a la historia de la metafísica anterior a Kant: los hombres encontraron o, si se quiere, inventaron la metafísica por temor a un mundo incierto plagado de guerras, catástrofes naturales y muerte. La metafísica antigua descubrió el poder salvífico del pensamiento, un poder que hace posible sentirse como en casa en un mundo en el que otro, el *verdadero,* se trasluce. La felicidad de la metafísica antigua no es solitaria. El mundo *verdadero* es en esta metafísica una realidad social, como el ejemplo de Sócrates nos muestra.

La metafísica cristiana no posee esa confianza en el poder soteriológico del pensamiento. Sabe que frente al miedo al mundo sólo puede ayudarnos el amor. Por eso fundamenta la confianza en el mundo en el amor de su Creador. Del mismo modo que el amor divino creó el mundo de la nada, la experiencia de ser amado, y así afirmado, nos preserva de ella. En comparación, la confianza en el pensamiento se torna secundaria, subsidiaria: amparada en las certezas de la fe, la razón asume un papel constatatorio. La razón, que osa pensar el concepto de Dios, se cree capaz de ello por sentirse criatura, por saberse don divino.

La confianza en el mundo de la metafísica cristiana se basa en la creencia en el poder sustentador de Dios. Pero Dios sustenta el mundo por voluntad propia (no por deber), por lo que ese fundamento es también un abismo: el abismo de la libertad divina. No hay ninguna ley cósmica o necesidad natural que dé seguridad. Únicamente existe la gracia y sólo podemos aceptarla o rechazarla. La libertad humana ha de responder a la libertad divina.

La metafísica de la Edad Moderna descubre el principio cósmico de la autoconservación, perfectamente concebible para la razón. Este concepto abre el camino para que el pensamiento pueda por fin pensarse como una instancia sustentada en sí misma. Una vez que la afluencia permanente de gracia no es necesaria, la propuesta de la metafísica antigua puede ser retomada: hay un orden perpetuo del ser más allá del incierto hervidero del mundo corpóreo; éste es susceptible de pensarse, y de lograrlo, pasamos a formar parte de dicho orden.

No obstante, la metafísica moderna, por ejemplo en Descartes, no acaba de renunciar del todo a Dios. Creer en Él pone a salvo a la razón de caer en el abismo del desfondamiento propio. Cuando la razón busca sus últimas certezas, en su movimiento reflexivo, se aparta del mundo sin poder regresar por sus propios medios. Necesita el auxilio de un garante que le permita confiar en que no vive en su propio delirio, sino en la realidad, garantía proporcionada por la fe en un dios cuya bondad asegura la concordancia entre el orden del pensamiento y del ser.

Los logros de la ciencia junto con sus repercusiones en el ámbito de la praxis hacen que esa garantía de concordancia de carácter divino poco a poco vaya haciéndose prescindible. La experiencia se torna fiable, siempre y cuando se reflexione sobre el modo en que ha sido adquirida. Cuando el pensamiento va ligado a la experiencia sometida a la reflexión, puede estar seguro de que no va desencaminado en lo que concierne al conocimiento del mundo. Ésta es la posición de Kant. Con respecto al conocimiento del mundo exterior podemos confiar en nuestra razón.

El mundo exterior, al que también pertenece el hombre, observado *desde fuera,* se rige por la ley de la necesidad. Quizá resulte despiadadamente frío, pero también seguro. Aunque no es éste el único mundo existente. Dentro de él, en el interior de cada hombre, hay *otro* mundo: la experiencia interna de la libertad. Esa libertad sólo se da vinculada a la *conciencia. Y la conciencia me ata a la libertad de los otros, ya que me obliga a convertir la libertad de éstos en la meta de mis acciones.*

Aquí comienza un nuevo capítulo de la superación metafísica del miedo al mundo. Ésta depende, a juicio de Kant, de lograr una sociedad de hombres basada en la libertad. El camino que va de una metafísica de la moralidad libre a una metafísica de la historia que *indefectiblemente* desemboque en esa sociedad libre ya no queda muy lejos.

De nuevo toda la verdad
El idealismo alemán

Kant había legado al siglo XIX una concepción dualista.

Existe un mundo empírico, y podemos comprender

—viéndolo desde la perspectiva de nuestro entendimiento— cómo funciona. Incluso el propio hombre puede ser analizado de esta manera, *desde fuera,* como mero *factum* determinado del mundo empírico. No obstante, podemos conocer las relaciones reglamentadas y funcionales, pero no su *sentido.*

A este dominio exterior del conocimiento se opone un mundo interior: la experiencia de la libertad, la conciencia. Dentro de esta esfera se encuentra el autodominio moral, los *fines* a los que pensamos dirigir el uso de nuestros conocimientos. Ya en Kant se trazan los contornos de una razón bifurcada. Más tarde se hablará de razón instrumental y razón comunicativa (Habermas).

Sin embargo, a comienzos del siglo XIX este dualismo no fue acogido con satisfacción. El idealismo alemán es un singular intento de superarlo.

Los Schelling, Fichte, Hegel, incitados como buenos románticos por el anhelo del regreso al hogar, buscan una razón capaz de integrar todas las regiones de la experiencia humana. La separación del concepto de verdad llevada a cabo por el dualismo kantiano era, sin duda, difícil de conjugar con la necesidad de sentido omniabarcante y de seguridad. No querían resignarse a tener que vivir en dos mundos: el del conocimiento científico, indiferente a las cuestiones éticas, y el de la moralidad, no susceptible de ser científicamente determinado. Experimentaron un sentimiento de pérdida al no poder darse, a diferencia de lo que ocurría con la metafísica antigua, un concepto unitario de verdad. ¿Por qué resultaba imposible volver a pensar un orden cósmico que se arrogase tanto el conocimiento verdadero del mundo como la pauta para la vida recta?

El idealismo alemán protesta contra esa escisión entre dentro y fuera. Protesta contra un entendimiento que, orientado al conocimiento empírico del mundo exterior, finalmente tiene que transformar también al hombre interior en una suerte de cosa externa determinada por las leyes de la naturaleza. Fichte formula la rebelión desesperada del hombre interior que se siente libre frente al descubrimiento triunfal de las leyes de la naturaleza. «¿Por qué ha de entristecerme y partirme el corazón aquello que tan perfectamente apacigua mi entendimiento? Ya que nada en la naturaleza se contradice, ¿es acaso el hombre el único ser contradictorio?»

También Schelling se suma al escándalo de la *cosificación.* Su escrito *Del yo como principio de la filosofía* comienza con un insolente toque de fanfarria: «Indeterminado es aquello que no está hecho como una cosa ni puede llegar a estarlo». *Indeterminado,* en el sentido que aquí se emplea, significa, tanto para Fichte como para Schelling, sólo una cosa: el *yo.*

Fichte, Schelling y algo más tarde Hegel aspiran a salvar esa incosificable espontaneidad espiritual del yo. Y como la mejor defensa es el ataque, intentan ver en las profundidades de la naturaleza y de la historia una subjetividad.

La tendencia principal del idealismo alemán puede formularse como sigue: el mundo no es susceptible de desintegrarse en un reino exterior de la necesidad y otro interior de la libertad moral. Entre el afuera y el adentro no puede darse una diferencia fundamental. Naturaleza, historia, moralidad: todas ellas son manifestaciones de una única fuerza que en el espíritu interior y subjetivo se experimenta como libertad. La inmersión en el espíritu subjetivo abre a través de la interioridad el camino hacia la comprensión de la totalidad del universo. Aquel que se adentra en sí mismo alcanza a su vez el corazón de la naturaleza y conoce el motor de la historia.

El idealismo alemán pretende homogeneizar de nuevo la naturaleza y la historia. Se trata del proyecto de una metafísica que tras Kant ha perdido su inocencia, y que por ello ya sólo es posible como despliegue de la subjetividad. El idealismo alemán se basa en aquella región de la libertad que Kant había reservado para la interioridad moral. A partir de esa experiencia de la libertad, el idealismo obtiene su concepto de «espíritu libre». Éste es más amplio que el entendimiento y que la razón de la conciencia. El espíritu libre no sólo reproduce, sino que produce; no sólo analiza lo dado, sino que especula más allá. Se trata de un espíritu que refleja una realidad, y que además crea nuevas realidades; tanto en el aquí y el ahora de cada vida humana como en el allá y el entonces del universo y de su historia. A mediados del siglo XIX estas construcciones espirituales se derrumban ante la risa burlona de las ciencias puras, que celebran su triunfo en la revolución técnico-industrial de la época.

Con todo, el declive de la filosofía del espíritu y el triunfo de las ciencias puras no suponen la total desaparición de aquella experiencia de desgarramiento que provocó el intento de reconciliación idealista. «¿Por qué ha de entristecerme y partirme el corazón aquello que tan perfectamente apacigua mi entendimiento?»: la pregunta de Fichte mantiene su atormentadora actualidad. Lo único que ya ha quedado atrás es la época en la que aún se creía que la respuesta estaba en la filosofía del espíritu.

El «corazón» fichteano había reclamado la experiencia de la libertad, y luego la del espíritu libre, al universo de las regularidades susceptibles de conocimiento científico. Ese camino ahora está cortado. La convicción de que la esencia del mundo es de carácter espiritual se ha esfumado; de modo que en la segunda mitad del siglo XIX la oposición metafísica, partiendo de Schopenhauer, recurre a otra experiencia unitiva: la voluntad, la fuerza vital de carácter irracional que actúa tanto en la naturaleza como en el hombre, se convierte en el punto de referencia.

Tras el hundimiento de la metafísica idealista y en paralelo al primer gran triunfo de una prosaica cientifización, se instituye, después de Schopenhauer y con Nietzsche, una nueva metafísica: la «filosofía de la vida». Su principio reza: la fuerza integradora de la vida no depende en primer lugar del *conocer,* sino del *vivenciar* y de las diversas formas que éste adopta.

¡La vida y nada más que la vida!

La filosofía de la vida de la segunda mitad del siglo XIX afirma haber encontrado algo en vano buscado durante siglos: la vida.

«La vida es el hecho fundamental llamado forzosamente a constituir el punto de arranque de la filosofía. Se trata de lo conocido desde dentro, a lo que ya no cabe retrotraerse más. La vida no puede ser sometida al tribunal de la razón.»

Wilhelm Dilthey realiza mediante estas palabras una variación de la «doctrina de la salud» de Nietzsche: «El Árbol de la Ciencia no es el Árbol de la Vida». Para la filosofía de la vida toda la historia de la metafísica, y también la de la ciencia, que en parte se ha nutrido de aquélla y en parte se ha desarrollado por oposición a ella, es la historia de una búsqueda en falso: no se ha dado con la posibilidad de un incremento de la vida. Más bien se le ha arrebatado su espontaneidad, su fuerza, su capacidad de producir nuevas formas, a base de someterla a una racionalidad disectora y a los principios racionales de la moral.

En general, la historia del deseo de saber, según el punto de vista de la filosofía de la vida, se ha entretenido en obviedades en vez de dedicarse a la *vida.* La voluntad de conocimiento convierte al hombre en mero espectador de la vida. Se pretendió aprehender las cosas en vez de agarrarlas, de sentirlas, de verlas en su unicidad. El espíritu fue enviado al pasado y al futuro, en vez de dejarle dedicarse al presente. Hemos desatendido, afirma la filosofía de la vida, el desarrollo de una presencia de ánimo para gozar del ahora, del instante. Franziska von Reventlow, dedicada con rigor a la filosofía de la vida en el escenario del Schwabing anterior a 1914, escribe en su diario:

> He pasado por la vida, he aprendido, vivido, y quizá haya resuelto, todos sus enigmas, todos sus espantos, todas sus profundidades, y nunca jamás desearía no haber vivido. Cara a cara, la vida y yo.

Lo que es la vida sólo se puede experimentar dedicándose sin reservas a ella, en el amor, en el odio, en la tristeza, en la desesperación, en el aburrimiento, en el asco. Se trata sólo de intensidad. Una anotación del diario de Reventlow, después de recibir a uno de sus amantes, comienza con las siguientes palabras:

> ¡Dios, Dios mío, qué crecida de vida, de alegría, de felicidad, después de esta noche! [...]. De nuevo ruge ahora la antigua alegría de vivir, es como si mi alma quisiera derramarse por todas partes, fundirse en la dicha plena. Cuando él se fue a las siete en esa mañana de invierno fui junto a mi pequeño. Permanecí largo rato tumbada en su camita

con él pegado a mí, y habría deseado estrujarlo. ¡Oh vida, divina vida!

El poder redentor de la vida provocó un auténtico aluvión de libros cuyos títulos hablan por sí solos: *El triunfo de la vida,* de J. Hart (1904); *La voz de la vida,* de K. Hamsun (1901); *La llamada de la vida,* de A. Schnitzler (1906); *La vida sagrada,* de S. Lagerlöf (1918), *Viva la vida,* de H. Sudermann (1902). Entre los escritos programáticos se contaban: *La decadencia de la tierra por obra del Espíritu,* de Theodor Lessing, y, sobre todo, *El espíritu como adversario del alma,* de Ludwig Klages. «¿Qué se entiende aquí por vida?», pregunta Klages, y él mismo responde:

> No principalmente vida, sino ardor vital, y no referido a la vida del individuo..., sino a la vida incandescente, a los enlaces «simbióticos» que, abarcando la casa, la planta, la bestia, el paisaje, se renuevan incesantemente al ritmo de las mareas que suben y bajan...

Resulta característico de la filosofía de la vida el deleite en imágenes de la vida como un fluido, como un océano. Se alude con profusión a la «consagración al demoniaco fluido», a la «voluptuosidad del mar» donde ansiamos zambullirnos, a la «fusión con el torrente de la noche», al «océano de fuego» que todo lo inunda. Son imágenes de una voluptuosa decadencia, pero ante todo son *imágenes.* No son llevadas hasta sus últimas consecuencias. La mayoría de los adeptos a la filosofía de la vida se contentaba con disfrutar de la nada arriesgada presencia de la vida en el evento estético. En los años previos a la primera guerra mundial alcanzaron notable fama las fiestas de Carnaval de los filósofos de la vida muniqueses. Allí entraban en escena Stefan George haciendo las veces de César; Alfred Schuler, de Gaia, la madre originaria; Wolfskehl, del índico Dionisos. Bailaban las danzas de Baco, tocaban las flautas de Pan, descansaban echados sobre pieles de tigre y encendían farolillos azulados. Se invitaba a las ninfas de los barrios periféricos de Múnich, así como a campesinos del lugar, que encarnaban el primitivo espíritu pagano de los germanos. Estos filósofos de la vida se tomaban en serio sus jolgorios. En las fiestas, contaba Karl Wolfskehl, descendía a la tierra «el dios de la vida», y según Stefan George en esa «ebriedad festiva» todos se abandonaban a «un regocijo sobrenatural y delirante» (con respecto a esta escena de la filosofía de la vida Thomas Mann en el *Doctor Faustus* alude al «permanente juego de máscaras» del Schwabing de preguerra).

Franziska von Reventlow supo captar con gran claridad el carácter cultural, teatral, erudito e hipnótico de esa exaltación filosófica de la vida, precisamente por llevar a cabo ella misma esa entrega incondicional y voluptuosa a la *vida*. Theodor Lessing cuenta que con motivo de una de esas fiestas de Carnaval Reventlow dijo:

> La zoología de Schwabing divide a los genios en albatros y avestruces. Friedrich Nietzsche, Stefan George, Ludwig Klages: éstos son los nombres de los escasos y nobles albatros de Alemania [...]. En cambio, nosotros dos [...] pertenecemos a la común especie de los avestruces. Se trata de unas criaturas realmente trágicas. Pues los avestruces también son pájaros, también nacieron para el éter. Pero la tierra nos atrae con demasiada fuerza, o quizá nuestro cuerpo sea demasiado pesado, tal vez esté demasiado bien alimentado... Y como no podemos llegar a ser los más intrépidos entre los que vuelan, nos hemos vuelto al menos

> los más rápidos entre los que corren. Corremos sin parar. Por arena y desiertos atravesamos la tierra. Y los albatros nos observan desde el éter y se elevan sobre nosotros [...]. Ay, los pobres avestruces [...]. Los seres cósmicos no se figuran la suerte que tienen. Toda su vida a salvo de la sífilis.

Reventlow y Lessing coinciden en una cosa: las «sublimes fiestas» y las «doctrinas de la ebriedad cósmica» son puro «filisteísmo». Junto al himno a la vida se oye un pasar de páginas. Evidentemente nada de esto tiene visos de ser verdad. Klages: «No se trata de libros [...]. La vida es todo lo que he escrito y lo que escribiré, la vida en papel de oro».

Es propio de este tipo de folletinismo vitalista acomodado en la letra escrita asomarse a las profundidades demoniacas de la vida a través de la lectura. Klages cuenta cómo se zambulló en la vigorosa antigüedad pagano-germánica:

> No más de una docena de versos aliterados habrían bastado para meter al quinceañero en un torbellino [...], del cual no podría decir si se trataba de un desvanecimiento o más bien de la repentina violencia de un sentimiento demoniaco de poder.

En la filosofía de la vida se juega con lo abismal de la vida bajo la protección de la cultura. Por eso las palabras de Klages, al igual que las de sus seguidores, apenas conllevan riesgo:

> Vida y muerte [...] son tan sólo una exhalación de la originaria noche oceánica [...], allí donde se ahoga quien se entretuvo escuchándola [...], donde en competición perpetua

las olas alcanzan en vano la playa, ya no podrá preguntarse estúpidamente por qué mientras la espuma y las gaviotas desaparecen en la resaca, rompe la ola y la vida entera se tambalea. También él se fundirá con la oscura y dichosa voluptuosidad.

Desde la distancia estética se puede incluso encontrar cierta cualidad vital a los tormentos de la tortura medieval:

> Olvidamos [...] que entonces la vida era aún más que hoy «sueño», y que incluso el sufrimiento de un cuerpo torturado por los aparatos de martirio era más capaz de sumergir a los hombres en la avalancha de la corriente cósmica que los mezquinos placeres de sus vidas cotidianas.

De esta manera tan expresiva la filosofía de la vida proclamaba lo elemental, lo telúrico, lo oceánico, lo diluviano, frente a la cultura establecida, *aunque en la cultura estaba como en casa.*

Al igual que en el resto de los movimientos rupturistas de su época, como lo fueron el Art Nouveau, el neorromanticismo, el reformismo pedagógico, el biologismo o el dinamismo, en esta filosofía, *vida* no es más que un concepto de lucha *cultural*. La filosofía de la vida forma parte de aquel movimiento urbano que «desde los grises muros de la ciudad» anhelaba salir en busca de «auténticas experiencias», pero sin alejarse demasiado de las ciudades ni de su confort cultural. La corriente vital en la que la filosofía de la vida pretendía zambullirse fluía por un paisaje cultural.

La filosofía de la vida había criticado, tanto en el pensamiento metafísico tradicional como en el moderno pensamiento científico, que el rechazo ante el abismo de placer y dolor que la vida implica, y la mortificación a la que la someten con sus «verdades», terminan por relegarla a mero «cadáver mutilado» (Klages). Pero salta a la vista que la filosofía de la vida, habiendo polemizado contra la «filistea necesidad de seguridad», no puede llevar a cabo otra cosa que un modo de vida *protegido por la cultura* incapaz de liberarse del filisteísmo erudito, y que en su núcleo incorpora rasgos de miedo a la vida. Habla constantemente de los abismos de la vida, pero su actitud es similar a la de los oficiales del poema de Eichendorff: dirige su mirada «desde la cómoda salita / placenteramente hacia el campo».

En cualquier caso, no conviene olvidar que algunos de estos filósofos de la vida, y antes que ninguno Klages, aplaudirían posteriormente el movimiento nacionalsocialista, convencidos de que su hermoso sueño estético podría finalmente hacerse realidad.

El malestar en la cultura de Freud

> Llegado a este punto, no tengo el ánimo suficiente para erigirme en profeta ante mis contemporáneos, no quedándome más remedio que afrontar sus reproches al no poder ofrecerles consuelo alguno. Pues, en el fondo, no es otra cosa lo que persiguen todos...

Encontramos estas palabras en el comentario de Sigmund Freud a su escrito *El malestar en la cultura,* del año 1929. El texto encierra un terrible diagnóstico. Lo sorprendente es que tanta gente estuviera preparada para escucharlo. Fue su libro más popular en vida suya.

La filosofía de la vida, a pesar de todo su componente crítico, se había instalado cómodamente en la cultura.

Desde su firme suelo se asomaba con fascinación a lo elemental, a lo oceánico de la vida.

Freud mina esa fe en la cultura. También él ocupa sus pensamientos con lo que Romain Rolland denomina «sentimiento oceánico»: «Un sentimiento como de algo sin límites ni barreras, en cierto sentido "oceánico"..., un sentimiento de indisoluble comunión, de inconmovible pertenencia a la totalidad del mundo exterior».

Freud está familiarizado con los fenómenos de transgresión de los límites del yo. Toda su psicología del inconsciente se basa precisamente en el descubrimiento de que el yo «se extiende hacia dentro sin una delimitación precisa, en una suerte de esencia psíquica de carácter inconsciente que denominamos el ello».

Pero en el «sentimiento oceánico» se registran otro tipo de relaciones: los límites del yo se confunden con los del mundo exterior.

Ello ha de deberse, afirma Freud, a una enigmática pervivencia de la «íntima unión del yo con el entorno», dada en la narcisista primera infancia. Se trata, pues, del resto de una fase previa del sentimiento del yo donde, en sentido estricto, aún no existía ese yo independiente, en la que la vida psíquica todavía formaba simbióticamente un todo con el mundo exterior. Por consiguiente, el «sentimiento oceánico» proviene de aquella fase del desarrollo individual donde no existía el miedo al mundo, puesto que la inquietante separación entre yo y mundo aún no se había consumado. El «sentimiento oceánico» recuerda a una patria perdida a la que no podemos regresar tras la gran separación; aunque el hombre no puede evitar buscar caminos para recuperar esa seguridad simbiótica. Uno de esos caminos consiste, siguiendo a Freud, en perderse en la masa. La simbiosis perdida ha sido buscada con tanto ahínco —y es precisamente en esto en lo que se centra el análisis de Freud— porque se da en la cultura un profundo y arraigado malestar (en un principio Freud había elegido la dramática expresión «desgracia» en vez de «malestar»).

No basta con que el hombre se vea constreñido por tres conocidas formas de amenaza: la amenaza «proveniente del propio cuerpo, que, condenado a la decadencia y a la aniquilación, ni siquiera puede prescindir de los signos de advertencia que representan el dolor y la angustia»; la amenaza «del mundo exterior, capaz de ensañarse con nosotros a través de fuerzas destructoras omnipotentes e implacables», y la amenaza «de las relaciones con otros seres humanos». Hay que añadir además que la vida en la cultura, llamada a protegernos de esas tres amenazas, es en sí misma, según Freud, fuente de desdicha.

La cultura procura cierta seguridad, concede Freud, remitiéndose a los éxitos de la técnica y de la ciencia en el ámbito del dominio de la naturaleza y de la lucha contra las enfermedades. Asimismo se dan comodidades que hacen la vida más fácil, y hay un orden establecido entre los hombres que refrena la guerra latente de todos contra todos. Sin embargo, la felicidad sigue sin poder alcanzarse, las fuentes de la desdicha son más profundas de lo que las llamadas amenazas nos permiten suponer. Se encuentran en nuestra más íntima e inconsciente naturaleza. Allí luchan uno frente a otro Eros y la pulsión de muerte, oposición desgarradora que la cultura, más que domeñar, redistribuye.

Para que una sociedad pueda sobrevivir, y con ella los individuos que la componen, cada uno debe renunciar a satisfacer una parte de sus instintos; otra parte es transformada —sublimada— en aras del mantenimiento de la cultura, quedando sólo una ínfima porción para el disfrute.

La necesidad de esa cultura, que exige a sus integrantes duros sacrificios, está motivada por el hecho de que los instintos básicos del hombre —Eros y Tánatos— no han sido dispuestos para que éste pueda vivir. Con respecto al instinto de muerte, también llamado instinto de destrucción, resulta sin más evidente, ya que la destrucción no sólo va dirigida contra otros seres vivos, sino contra uno mismo. Pero tampoco Eros, o la libido, es en esencia un instinto mantenedor de la vida. Persigue la satisfacción de la pulsión sexual en el objeto del deseo, no se orienta a la reproducción ni al lazo afectivo, la unión duradera o la amistad, no llama a la creación de una sociedad al servicio de la vida; a esta pulsión le repugna gastar energías en las exigencias de la *Ananké,* en los esfuerzos impuestos por el trabajo. Por añadidura, la cultura ha de domeñar el instinto sexual, aunque sin lugar a dudas su mayor problema sea el «deseo de destrucción».

Freud interpreta la cultura como una empresa que hace uso de las pulsiones sexuales, en parte reconvertidas, en parte satisfechas, para poner al deseo de destrucción en jaque. Puesto que ningún instinto se deja erradicar, el deseo de destrucción sólo puede igualmente ser transformado, desplazado, canalizado, «sublimado». Para ello la cultura le proporciona determinadas válvulas: hay grupos de enemigos, grupos marginales para ser odiados y combatidos; hay rivales con los que combatir en el campo de batalla; también existen la ciencia, la técnica y el trabajo para vencer la oposición de las cosas.

Pero la obra maestra de la cultura es, a juicio de Freud, la implantación de la «conciencia». Las energías de la agresión son transformadas en una instancia interna que ahora brama contra las pulsiones instintivas del individuo. Freud:

> La agresión es proyectada hacia dentro, interiorizada, devuelta en realidad al lugar de donde procede: es dirigida contra el propio yo, incorporándose a una parte de éste, que en calidad de superyo se opone a la parte restante, y asumiendo el rol de «Conciencia», despliega frente al yo la misma dura agresividad que el yo, de buena gana, habría satisfecho en individuos extraños [...]. Por tanto, la cultura domina la peligrosa agresividad del individuo debilitándolo, desarmándolo y sometiéndolo a la vigilancia de una instancia alojada en su interior, como una guarnición militar en la ciudad conquistada.

No hay cultura sin la cultura del refinado tormento de uno mismo. Igualmente cierto resulta que las pulsiones instintivas, afligidas por la conciencia, buscan de cuando en cuando ser satisfechas de manera explosiva, *acontecimiento natural* consistente en la descarga pulsional que la cultura también intenta dominar, con enorme éxito en las matanzas de las grandes guerras. Freud vuelve la vista a la primera guerra mundial, y premonitoriamente espera la próxima gran irrupción del furor destructivo.

Duda de si la cultura vencerá en su lucha contra el deseo de destrucción o si irrumpirá victorioso el instinto de muerte empleando justamente los medios con los que la destrucción debía ser combatida. Freud:

> Nuestros contemporáneos han llegado tan lejos en el dominio de las fuerzas naturales que con su ayuda les sería fácil exterminarse mutuamente hasta el último hombre. Bien lo saben, y de ahí buena parte de su actual inquietud, infelicidad y angustia.

Freud dibuja una sombría imagen de la desesperación: el hombre está dotado de unos instintos que tomados tal cual son, en su forma agreste, se oponen a su vida, ya que acabarían por aniquilarlo.

El proyecto de la cultura es un intento de hacer vivible la vida aun a costa de la «miseria psíquica». Además, las construcciones culturales se muestran sumamente frágiles, por lo que Freud teme su inminente y estrepitoso derrumbamiento.

Si la *verdad* se entiende en su sentido radical, es decir, como condición de posibilidad de una vida plena, entonces Freud era del mismo parecer que Adorno, quien años después lo expresó así: «El todo es lo no verdadero».

Para Freud, el hombre nunca está en casa, ni en su «naturaleza», ni en la «cultura». Con este antimetafísico tiene lugar el retorno de la antigua *gnosis:* el hombre es una creación malograda, y carece del talento para la felicidad. «El propósito», escribe, «de que el hombre sea feliz no está contemplado en el plan de la "creación".»

Sin embargo, al igual que para el gran pesimista Schopenhauer, que también barajó la idea de la creación frustrada, para él aún es posible una felicidad de menor grado. Se trata de la «felicidad del conocimiento». La luminosa y liberadora divinidad gnóstica se seculariza a la luz del conocimiento. Este conocimiento no erradicará el mal, ni siquiera servirá como terapia, pero puede ayudarnos a soportarlo con estoica impasibilidad.

Claro que esto no es válido para cualquiera, la mayoría anhela llegar a casa, alcanzar la seguridad del hogar.

Simultáneamente a la exposición por parte de Freud de su terrible diagnóstico, surgía un movimiento de masas abriéndose paso hacia el hogar con un deseo de agresión y violencia como no se había conocido hasta entonces en la historia.

Metafísica y crimen
Hitler, Goebbels

No me extenderé en un análisis detallado de los condicionamientos políticos, sociales y psicológicos de la toma del poder nacionalsocialista.

Es indiscutible que Hitler llega al poder y se mantiene en él hasta el final por haber logrado una amplia aprobación entre el pueblo. Ésta se debió a unas determinadas medidas políticas, pero también a la concepción del mundo que subyace al nacionalsocialismo. En *Mi lucha,* Hitler expuso con toda claridad esa concepción del mundo y, en consecuencia, desarrolló una estrategia de acción política. Ya se ha señalado en muchas ocasiones que su política siguió a rajatabla ese plan de acción. Hitler, inspirado en su visión del mundo, no hizo otra cosa más que *realizar* su «programa» de 1925.

La concepción del mundo desarrollada en *Mi lucha* es, aunque bárbara, una metafísica. De manera metafísica Hitler puso de manifiesto el sentido profundo de la realidad: construyó imágenes de la vida falsa y de la verdadera e intentó transformar el mundo conforme a esas imágenes, propósito que fue espantosamente logrado. Y sólo pudo hacerlo porque los hombres bajo su mando estaban dispuestos a participar en esa sangrienta escenificación de su metafísica.

Se han barajado los más diversos motivos para explicar este respaldo, lo cual no cambia en absoluto el insólito y angustioso resultado: una sociedad al completo colaboró en trasladar a la realidad un sistema metafísico ilusorio.

Nietzsche, al final, en su caverna interior inundada de fantasías violentas, pergeñó la destrucción *imaginaria* de un mundo que no coincidía con el suyo. También

Hitler acabó en una especie de caverna: el búnker de la cancillería del Reich. Si bien sus violentas fantasías estallaron hacia fuera: él sí llevó a cabo la destrucción *real* de un mundo no coincidente con el suyo. Una Europa destrozada, millones de muertos en la guerra, millones de asesinados. Metafísica que cobra realidad convirtiéndose en crimen monstruoso. El *éxito* de Hitler es un ejemplo extremo de cómo la historia puede ser gobernada por ficciones, por delirios, por imaginaciones.

Resumo algunos condicionamientos biográficos: Hitler fracasa en los estudios posteriores a la escuela. Rechaza la vida burguesa, oponiéndose a ella con su trabajo, su perseverancia y su idea de la familia. Se siente *artista*. No es admitido en la Academia de Arte de Viena. Pasa algunos años vegetando en la «*bohème* social y moral» (Thomas Mann): asilos para mendigos y albergues. Vive a base de sablazos. Pintor de estampas, trabajador temporal, soñador despierto, emprendedor, quiere escribir una obra de teatro, inventar una bebida sin alcohol, bosqueja los planos de una renovación de la ciudad, también del Estado alemán ideal. Se identifica con Richard Wagner: la arrebatadora ebriedad de la música, los grandes gestos, su efecto subyugante sobre las masas, la estilización de sí mismo a través del mito, el hechizante truco teatral... Todo ello muy de su gusto. Los escritos de Wagner, los panfletos que en ese momento se distribuían y un sentimiento popular latente en la Viena de preguerra *señalaron* al culpable de su propio fracaso vital: los judíos.

El resentimiento del burgués fracasado busca una descarga: se siente un líder incomprendido, apartado de su misión por un entorno intoxicado. El desarraigado de la vida burguesa encuentra, con el estallido de la primera guerra mundial, un hogar en el Ejército alemán. Con la derrota y la revolución pierde el soporte moral y social que le quedaba. La disolución del orden social tradicional, la momentánea anarquía política, la humillación nacional, la miseria material, la desorientación tras el derrumbamiento de los antiguos valores de patria, mando y obediencia, fidelidad y pueblo, hacen que lo invada el pánico. Observa como por todas partes reina la «desmoralización». En esa tesitura, recurre a los medios que siempre tiene a su disposición para lograr el autodominio: encuentra una explicación a la aterradora y degradante situación con ayuda de sistemas ilusorios en los que ensimismarse. Sin embargo, ahora ya no está solo. Su don para la oratoria y el ánimo general del momento le brindan la posibilidad de que sus fantasías personales se conviertan en el exponente de una ilusión colectiva. Funda el NSDAP, y tras el malogrado golpe de Estado del 9 de noviembre de 1923 escribe en Múnich, durante su encarcelamiento en Landsberg, *Mi lucha*.

Es sabido que la metafísica se esfuerza por penetrar en la realidad más inmediata, casi siempre turbadora e inquietante, con el fin de descubrir la *esencia* que la sustenta, su *sentido* orientador. Hitler procede del mismo modo. Quiere penetrar en la apariencia de los acontecimientos —luchas políticas intestinas, inflación, transformación de la moral, crecimiento de las ciudades, sociedad de masas, destrucción del medio ambiente, aislamiento, tecnificación, etcétera— para desentrañar los *verdaderos* acontecimientos que se ocultan detrás. Y, con ello, alcanza una dimensión cósmica: otra de las especialidades de la metafísica.

A partir de la «voluntad de poder» de Nietzsche, de la «voluntad de vida» de Schopenhauer y de la trivialización de la teoría de la «selección natural» que el darwinismo social supone, Hitler elabora su ley metafísica universal:

> La naturaleza [...] pone a los seres vivos en este globo terráqueo y luego contempla el libre juego de fuerzas. El más fuerte en valor y empeño adquiere, como el hijo más querido, el derecho a ser señor de la existencia [...]. Sólo el que nace enclenque puede considerarlo cruel, por ser él mismo un hombre débil y limitado; pues si esta ley no imperara, sería impensable cualquier ulterior evolución orgánica de los seres vivos [...]. Al final siempre triunfa la búsqueda de la autoconservación. Bajo ella, la llamada humanidad se derrite en una mezcla de estupidez, cobardía y culta pedantería, como la nieve bajo el sol de marzo. En lucha permanente la humanidad se ha hecho grande; en la paz perpetua, perece.

Pero Hitler no se da por satisfecho con esa imagen de la lucha por la existencia vacía de sentido. La evolución, impulsada por la lucha por la vida, ha engendrado un ejemplar selecto: el ario. Hitler:

> Las manifestaciones de la cultura humana, los logros del arte, la ciencia y la técnica que hoy día se erigen ante nosotros, son casi en su totalidad productos creados por el ario. Este hecho permite llegar a la nada infundada conclusión de que sólo él pudo ser el fundador de la naturaleza humana por excelencia y que, por tanto, representa el prototipo de lo que entendemos por *hombre.* Él es el Prometeo de la humanidad de cuya frente luminosa brota el destello divino del genio y se expande por todas partes, una y otra vez inflamada por ese fuego que, transformado en conocimiento, ilumina la noche de los misterios silentes y permite que el hombre ascienda por el camino hacia la dominación del resto de las criaturas de esta tierra. Si esa luz llegara a extinguirse, y tras pocos

siglos la oscuridad insondable se cerniera sobre la tierra, la cultura humana se desvanecería y el mundo quedaría devastado.

El «ario» es el «portador de la luz», da sentido a lo que no lo tenía. Hitler apela al *pathos* cósmico: el planeta giraría de nuevo perdido y sin sentido en la «noche del espacio» de no haberse producido el ennoblecimiento de lo vivo gracias a la fundación aria de la cultura. Hitler evoca la gnóstica y maniquea dualidad luz-oscuridad de una gigantomaquia cósmica: la figura luminosa de lo ario tiene un opuesto luciferino. La encarnación de este demiurgo maligno es el judío. Él es el principio desintegrador de la vida, su negación por antonomasia. Hitler emplea frecuentemente metáforas para referirse a los judíos; para él son bacilos, microbios perjudiciales, una plaga cósmica. Si el ario, afirma Hitler, no logra protegerse de esa «patología», tarde o temprano la «vida excelsa» perecerá. Quien tolera esto atenta contra «la ley divina de la existencia» y, con ello, «colabora en la expulsión del paraíso».

Los sucesos del trasmundo cósmico-metafísico comportan, según Hitler, un aspecto de máxima actualidad. La lucha «titánica» entre las fuerzas de la luz y las de la oscuridad ha llegado en este momento de la historia a su fase decisiva. Sobre Occidente se cierne la amenaza de la decadencia. Hitler, en vista del empuje renovador que el periodo de Weimar supuso, confirma sus más íntimos miedos al desclasamiento y sus muchas fobias en una crítica conservadora de la cultura: el espíritu ya no cuenta nada, sólo el dinero; el amor y la fidelidad han cedido ante la mera sexualidad mecánica; el Moloc, el ogro de la ciudad y la industria, desarraiga al individuo, le arrebata todo nexo de unión y toda orientación; la religión ha sido desplazada por intereses materiales. La enorme masa de tierra de Rusia ha caído en manos de los bolcheviques; Norteamérica, bajo la violencia del tecnicismo y el materialismo propios del capitalismo. Para Hitler, detrás de todo esto se encuentra la conspiración judía contra el mundo.

El momento decisivo de la historia universal se dirime en el centro de Europa, en Alemania. Allí está concentrada la «esencia del pueblo ario». La «asunción incondicional [...] de las leyes divinas de la existencia» exige que Alemania vuelva a ser fuerte, que reúna fuerzas para la misión de gobernar el mundo. Es necesario nada menos que un nuevo «acto prometeico» de salvación de la cultura, afirma Hitler. De ahí se infieren, a juicio de Hitler, unos objetivos geopolíticos y de política interior muy concretos.

En la geopolítica: ganar terreno en Europa del Este y Rusia. La «tierra rusa» debe ser «depurada» de todo bolchevismo y judaísmo. La política exterior con respecto a las otras potencias (Francia, Inglaterra, Estados Unidos) sólo sirve para flanquear esa política de expansión. En la política interior: las ideas «judaicas» de tolerancia, pacifismo, humanidad e internacionalismo entierran la voluntad de autodeterminación del pueblo. Por ello, esas ideas han de ser combatidas y erradicadas, y del mismo modo las formas de organización política que le son propias: democracia, estado de derecho, sociedad de naciones.

Que toda esta estrategia conduce al exterminio de los judíos queda expuesto con toda claridad en *Mi lucha*.

> La conquista del alma del pueblo sólo puede lograrse si la consecución de las propias metas va acompañada de *la aniquilación de los que son contrarios a ellas.*

El exterminio de los judíos posee un componente de precepto metafísico. Por eso el asesinato de millones de personas puede justificarse como acto «prometeico» al servicio del progreso de la vida a la vez que como devoto acatamiento de un mandato divino. «Preservándome de los judíos lucho a favor de la obra del Señor», escribe Hitler, y casi veinte años después, cuando el sistema de aniquilación de la «solución final» funciona a toda máquina, puede asegurar: «Tengo la conciencia tranquila».

Hitler puso en funcionamiento una política basada en presupuestos metafísicos. Para él consistió en dirigir una lucha a muerte contra aquello que consideraba el mal por antonomasia. Construyó una máquina asesina de perfecto funcionamiento para que oficiara esa lucha.

Hannah Arendt habla de la «banalidad del mal» refiriéndose al caso Eichmann, administrador de la «solución final». Expresa su horror ante la manera rutinaria, objetiva, burocrática, diligente en que hombres de una «normalidad» desconcertante pusieron en marcha la máquina asesina. El carácter industrial y administrativo de la empresa homicida junto con la «orden suprema» permitieron a esos ciudadanos corrientes mantener «la conciencia tranquila». Pero esa «orden suprema» surgió de una metafísica del mal. El asesinato fue promovido por una obsesión metafísica abismalmente maligna, por lo que el término *banal* resulta del todo incorrecto.

Hitler escribe: «Quien entiende el nacionalsocialismo sólo como un movimiento político no conoce apenas nada de él. Es incluso más que una religión: se trata de la voluntad de crear un nuevo hombre», una creación que pasa por la aniquilación del ser humano.

El efecto sugestivo que, especialmente tras su reclusión en Landsberg, emanaba de Hitler también guarda relación con que emprendiera consigo mismo la «creación del nuevo hombre». Toda su personalidad se consume en lo que él llama su «misión». Lleva a cabo una interpretación del mundo, luego ajusta los bastidores cósmicos a su momento histórico, la hora decisiva, y en ese instante tan significativo escenifica su propia aparición. Se caracteriza como el hasta entonces desconocido mártir de la verdad, trae consigo la «fórmula salvadora»; aún no lo escuchan muchos, todavía predica en el desierto, pero su hora está a punto de llegar y esa certeza se propaga a su alrededor.

El 4 de julio de 1924 Joseph Goebbels escribe en su diario:

> Alemania anhela al único, al hombre, como la tierra en verano ansía la lluvia. Sólo puede salvarnos la reunión definitiva de fuerzas, el entusiasmo y la entrega total. Se trata, por supuesto, de milagros. Pero ¿por qué no va a salvarnos un milagro? Señor, ¡haz un milagro ante el pueblo alemán! ¡Un milagro! ¡Un hombre! Bismark, *stand up!* Tengo el cerebro y el corazón resecos de desesperación por mí y por mi patria [...]. ¡Desesperación! ¡Ayúdame, Dios! ¡He llegado al final de mis fuerzas!

Un año después de ese brote de desesperación Goebbels lee *Mi lucha* de Hitler. Entonces escribe en su diario:

> He leído el libro de Hitler hasta el final. ¡Con tremenda impaciencia! ¿Quién es ese hombre? ¡Mitad plebeyo, mitad dios! ¿Se trata realmente de Cristo o sólo de san Juan? Añoranza de paz y tranquilidad. De un hogar.

A principios de 1925, poco después de la refundación del NSDAP en Renania, Goebbels se hace nacionalsocialista por desesperación. Enredado en amoríos insatisfactorios, busca el «gran amor» que exija toda su implicación y entrega; pero sólo encuentra indiferencia y egoísmo. «Desconsolador, mísero, lamentable mundo», anota en su diario. Sus aspiraciones laborales se ven frustradas. El estudiante de germanística quiere ser poeta. Ha escrito una novela y algunas obras de teatro, pero no logra editor ni teatro donde estrenar. El joven de veintiocho años sigue dependiendo de sus padres. Durante un breve lapso de tiempo, en 1923, ocupa un puesto en el Dresdner Bank. Ese trabajo le resulta humillante. La vida carece de sentido para él. La situación sociopolítica también lo deprime. «Patria» y «pueblo» son para él valores religiosos capaces de dar sentido a la vida. Mas a su alrededor sólo ve «desmoralización» y «desmembramiento». Encuentra un paralelismo entre su mísera situación personal y las míseras condiciones en que vive el «pueblo», en su opinión sometido a las fuerzas aliadas vencedoras y al capital. Tras la firma del tratado de Locarno en 1925 escribe en su diario:

> El viejo truco. Alemania cede y se vende al capitalismo occidental. Un panorama desolador: los hijos de Alemania al servicio de ese capitalismo desangrándose en los campos de batalla de Europa como lansquenetes [...]. ¿Nos gobiernan idiotas o infames? ¡Pierdo por momentos la fe en la humanidad! ¿Cuál fue el motivo para cristianizar a estos pueblos? ¡Sólo para poder convertirlos en carroña! ¿Dónde está el hombre que expulse a latigazos del templo de la nación a los mercaderes de almas? ¡El mundo entero está abocado a su fin! ¡Ojalá no existiéramos! Desesperación...

En Hitler cree haber encontrado a ese hombre «que expulse a latigazos del templo de la nación a los mercaderes de almas». En efecto, se trata de un acto de fe. El nacionalsocialismo es para él «el catecismo de la nueva religión política emergente en un mundo en descomposición y desacralizado».

El partido no puede guiarse conforme a los parámetros de una «política real», no se trata del arte de las «posibilidades dadas»; todo eso es, a juicio de Goebbels, «basura».

> La cuestión nacional se me enreda con las cuestiones del espíritu y de la religión [...]. Ya no tiene nada que ver con la política. Es una concepción del mundo.

Se trata de la salvación. Goebbels pretende salvarse de su desesperación, de sus turbios sentimientos de pérdida del sentido, de su miseria social, de sus miedos al aislamiento. Desea poder volver a amar y a ser amado. La «esperanza de un hogar» está llamada por fin a cumplirse. De una sociedad desgarrada, sustentada en unas pocas ideas comunes, debe surgir una comunidad en la que poder sentirse seguro. Pero la «salvación» no podrá llegar si no se está listo para ser el «nuevo hombre». Hay que experimentar una conversión. En el encuentro con Hitler, Goebbels es tocado por la suerte. En un homenaje público a Hitler escribe:

> Usted ha sabido mostrarnos en la más profunda desesperación el camino de vuelta a la fe [...], ha hecho realidad uno de nuestros más secretos anhelos... [Usted] lleva a cabo el milagro de la libertad salvadora.

Goebbels lucha con esa «fe» contra el pesimismo, la pérdida del sentido y la soledad, a los que llega a llamar, adoptando un estilo religioso, «tentaciones». En uno de esos momentos en los que se deja vencer por la tentación escribe:

> Ojalá pudiera estar un par de horas a solas con Hitler. Todo se aclararía [...]. Quiero saber por qué me vengo abajo.

¿En qué consiste la «salvación»? ¿Cómo es el «nuevo hombre», la «nueva era», la «nueva sociedad» que trae consigo? Lo nuevo consiste en cimentar los valores en necesidades simbióticas. El «desgarro íntimo» y las propias contradicciones han de ceder ante una «armonía interior». Y fuera tiene que suceder lo mismo que dentro: el pueblo debe formar una unidad, ha de estar alentado por una sola voluntad, un espíritu, un sentimiento, regirse por un único pensamiento. Pero esta unidad no puede llevarse a cabo sólo con que rija una ley abstracta de cohesión; esa unidad ha de encarnarse en una forma viva: el Führer.

> El círculo se cierra en torno a su persona, en él puede verse al portador de la idea que nos une de manera definitiva e inefable en pensamiento y forma. La legión del futuro aguarda dispuesta a llegar al final del terrible camino a través de la desesperación y el tormento. Vendrá un día en el que todo se derrumbe [...]. Entonces, del entumecimiento de las masas surgirá el movimiento y ese movimiento nos guiará a nuestra meta. ¡El imperio está al llegar!

Esta política de la «salvación» requiere estar preparado para el sacrificio. Es posible que la salvación total no llegue a producirse, que de momento fracase; quizá por haber llegado demasiado pronto, porque la frenen la «pereza» y la comodidad del pueblo, o porque los enemigos, los de dentro y los de fuera, sean más fuertes. Aunque con estos contratiempos ha tenido que contar hasta el momento todo movimiento religioso. El mismo Jesucristo fue crucificado. «El que pierda su vida, la hallará», la sentencia del Nuevo Testamento debe ser también válida, opina Goebbels, para los miembros del «movimiento». No hay conversión sin superación del egoísta y empequeñecedor yo. Se impone renunciar a los ideales pequeñoburgueses de la felicidad en el rinconcito privado. En ese tipo de aislamiento ve irrumpir Goebbels el nihilismo que tanto le aterra. La política nacionalsocialista, llamada a ser más que una política, está sustentada según Goebbels en «la fe, el amor y la esperanza».

El 9 de junio de 1925, Goebbels escribe en su diario:

> Señor, dame fuerzas para resistir. Quiero que se haga justicia. Con amor al nuevo día. «Ahora nos queda la fe, la esperanza y el amor, ¡esas tres cosas! ¡Pero el amor es lo más grande entre nosotros!» Así cierro este libro, ¡en señal de fe y de amor! ¡Creo en el futuro! ¡Amo a mi pueblo y mi patria! ¡Trabajo! ¡Sacrificio! ¡No hay que desesperar!

Hasta en los monólogos íntimos del diario de Goebbels hay persuasión y sugestión. Puede observarse en ellos como él mismo desea convertirse en ese «nuevo hombre» al que debe pertenecer el futuro. También deja clara constancia de los «éxitos» de dicha transformación. Hay momentos en los que se ve rebasado por sus ínfulas de omnipotencia. Protegido por la ficción, los describió en su novela inédita *Michael:*

> Cuanto más me elevo y más me acerco a Dios, más cerca estoy de mí mismo [...]. ¡Echo fuego! ¡Despido luz! Ya no soy un hombre. Soy un titán. Soy Dios.

Es en las ocasiones de éxtasis donde el sueño prometeico de la transformación en dios está próximo a hacerse realidad: cuando aparece como orador ante las masas.

> Cuando pronuncio mis discursos en Essen, en Düsseldorf o en Elberfeld, es para mí como una fiesta. Eso es vida, ritmo, la pasión se despierta en el amigo y en el enemigo [...]. Emerge de entre las masas agolpadas el poder humano, y el predicador, el apóstol, el incitador llama a la lucha. Entonces se produce el milagro: del gentío salvaje, enfervorizado y vociferante surgen hombres, hombres de carne y hueso que piensan y sienten como nosotros, angustiados, con el ceño fruncido, con un hambre gigantesca de luz y salvación. En ese momento tengo en mis manos el alma del trabajador alemán, y puedo sentir que es moldeable como la cera. Y entonces la amaso y le doy forma, un retoque aquí, un retoque allá [...]. Así cobran forma ante mí los hombres. Ya sólo puedo ver puños y miradas. Ojos que despiden rayos.

A pesar de que los objetivos de la lucha aún no se han conseguido, estos momentos de ebriedad oratoria suponen vivencias anticipatorias de la salvación. La diferencia entre dentro y fuera queda suspendida. Se trata ahora de un único y colectivo sentimiento, la gran comunión. Goebbels, cuyo diario alude constantemente a la añoranza de volver a casa, encuentra en esos instantes un hogar. Ya no lo separan distancias, ni de sí mismo ni de los demás; se ha fundido con el «ser verdadero».

Pero el «ser verdadero» sólo se alcanza cuando se eliminan las fuerzas de la negación, del desgarro y del distanciamiento. Del mismo modo que el Führer encarna el «ser verdadero», «los judíos» son para Goebbels la encarnación de aquellas fuerzas. Por eso, al igual que

Hitler, los perseguirá con el odio del fanático: «Vaya un perro farsante es ese judío. Canallas, miserables, traidores. Les chupan la sangre a los demás. ¡Vampiros!».

En el pensamiento de Joseph Goebbels todo se reduce al mundo de la gran unidad simbiótica y, frente a éste, el mundo de los enemigos. La pluralidad, la diferencia, la alteridad de los otros, no son más que amenazas intolerables. Aquello que *en su diferencia* se sustrae a esa unidad debe ser negado: primero de pensamiento y luego de hecho.

Goebbels busca su hogar en una comunidad simbiótica. Está dispuesto a aniquilar todo lo que pueda atentar contra esa suerte de seguridad.

La violencia de las imágenes

Hitler y Goebbels esbozaron imágenes metafísicas del mundo en las que creer.

En vista del crimen inconmensurable del nacionalsocialismo y de las catástrofes históricas que motivó, el hecho de que los autores de las imágenes en cuyo nombre se cometieron esos crímenes *creyeran* en ellas, puede llegar a parecer insignificante. Sin embargo, este hecho está cargado de significado, por la sencilla razón de que la energía requerida para hacerlas realidad procede únicamente de la *fe* en dichas imágenes. El nacionalsocialismo alcanzó poder y relevancia históricos porque logró mantener la creencia de que su base y su objetivo era *socializar*. La situación de crisis espiritual, social y económica promovió en las masas esa predisposición a creer. Esto hizo posible que todo un pueblo colaborara en la escenificación de una metafísica cruel y sangrienta.

Hitler, Goebbels, y con ellos la mayoría de los activistas nacionalsocialistas, no sólo fueron unos cínicos en el poder, sino que ante todo fueron también creadores de opinión. Para poder hacer lo que finalmente hicieron necesitaron la justificación y la orientación de una imagen del mundo que hiciera parecer sus acciones necesarias e incluso —por escandaloso que pueda sonar— morales. No se limitaron a pasar por encima de una moral comprometedora, sino que inventaron una nueva moral en consonancia con su imagen del mundo, una «hipermoral» (Gehlen) que les permitió actuar libres de contradicción alguna, tanto interna como externa. Esa nueva moral estaba concebida por oposición a la moral convencional o tradicional, identificable, grosso modo, con los derechos humanos. Los nacionalsocialistas estaban tan fuertemente ligados a la moral elemental de la Europa más reciente que sólo pudieron superarla con ayuda de esa nueva moral. Si bien el nacionalsocialismo no se mostró ni hipócrita ni cínico con respecto a la moral tradicional.

El hipócrita alega ceñirse a la moral y secretamente la infringe si sus intereses lo requieren. El cínico es la figura complementaria del hipócrita. El cínico resuelve la contradicción hipócrita entre el acatamiento público y la violación secreta de la moral adoptando una posición más allá de toda moral. La actitud de los nacionalsocialistas es bien distinta. Cuando el 3 de octubre de 1943 Himmler se dirigió a la cúpula de las SS que había tomado parte en el exterminio judío, no fue preciso emplear un tono propagandístico. La moral «superior» a la que Himmler alude en ese discurso no fue concebida como fachada para el gran público; Himmler se refiere a ella como una «instancia» necesaria e indispensable para el autodominio moral de los verdugos. Himmler:

> La mayoría de vosotros ya sabe lo que significa que yazcan cien, quinientos o mil cadáveres [...]. No cejar en el empeño y permanecer limpios [...]. [Se trata de] la página más gloriosa de nuestra historia que jamás se escribió ni se escribirá.

«Permanecer limpios»: expresión referida a una conducta que cruelmente infringe los más elementales derechos del hombre sin engendrar mala conciencia, pues se sabe en consonancia con una «moral superior» desarrollada a partir de una determinada imagen del mundo, la «moral» de la «higiene racial», de la «lucha de razas», del «bien común», etcétera.

Es evidente que el otro gran proyecto totalitario de nuestro siglo, el estalinismo, supo de manera semejante justificar *moralmente* la masacre humana. También el estalinismo logró extraer una *hipermoral* de una imagen del mundo, en última instancia metafísica, que permitiera atentar contra los principios morales más elementales de la vida en sociedad, y además con la conciencia tranquila.

El peligro de estos totalitarismos se minusvalora si sólo observamos en ellos un abandono del sentimiento moral y una irrupción paranoica de las pulsiones criminales del colectivo. En el crimen totalitario —Auschwitz, el archipiélago Gulag o el genocidio de los jemeres rojos— rige más bien una lógica de la autodeterminación moral a su vez gobernada por la pretensión de verdad de una imagen del mundo con la que el autor se identifica plenamente. Las imágenes del mundo de los dos grandes totalitarismos de nuestro siglo se instalan en una tradición metafísica que pervierten atrozmente. Son imágenes metafísicas porque se arrogan la posibilidad de captar en su totalidad la *verdadera* esencia de la naturaleza y de la historia. Son sistemas metafísicos porque aspiran nada menos que a una comprensión de lo que el mundo guarda en lo más profundo. Formulan *leyes de la historia* —lucha de clases o de razas—, leyes que adquieren en la teoría un significado ambivalente: poseen una naturaleza descriptiva a la par que normativa; se afirma que esas leyes de hecho se dan y a la vez se postulan como leyes que deberían darse. La ley de la historia que presuntamente se ha descubierto no se cumple de forma automática, con independencia de las partes implicadas, sino que tiene que acatarse conscientemente. El conocimiento de la ley histórica tiene que ir acompañado de su realización, sólo así puede la realidad liberar su *verdadera* esencia: así reza la promesa de la metafísica totalitaria.

La metafísica totalitaria pretende adaptar la realidad a sus terribles y maniqueas imágenes. Cualquier posición contraria a esa adaptación no brinda la ocasión de la duda —en la metafísica totalitaria no caben refutaciones—, se vuelve más bien motivo de enconada enemistad: ha de ser destruido para que el verdadero acontecer histórico pueda seguir su curso sin que lo molesten. No fue pues una paranoia individual, sino un corolario de la metafísica totalitaria, el hecho de que Hitler, durante sus últimos días en el búnker bajo la cancillería, expresara el convencimiento de que el pueblo alemán, al no demostrar su valía, merecía perecer.

La metafísica totalitaria no se limita a interpretar el mundo con ayuda del esquema maniqueo amigo/enemigo; dicho esquema se aplica también a la posición que pueda adoptarse ante ella como teoría: o te conviertes a la causa, o eres su enemigo.

La metafísica totalitaria también se arroga la capacidad de explicar por qué determinadas personas no pueden creer en ella: su juicio está ofuscado por motivos raciales o de pertenencia a una clase social. Desde el fascismo biologista el remedio pasa por la «higiene racial» o por la destrucción física de «la otra especie». El pensamiento estalinista conoce en cambio el medio para lograr la reeducación política y de clase: el pequeñoburgués puede *llegar a alcanzar* el punto de vista del proletariado. Si bien, en el estalinismo también hay una predisposición al exterminio físico de todo aquel que se oponga al *acontecer de la verdad.* Valga como ejemplo el caso de los jemeres rojos en Camboya, que ejecutaron a hombres estigmatizados como «intelectuales burgueses» por llevar gafas y no tener callos en las manos.

La metafísica totalitaria atrapa a sus adeptos en las imágenes del mundo que despliega. *No sólo pretende captar el todo, también pretende captar a todos los hombres.*

La metafísica totalitaria promete al hombre una totalidad compacta e indisoluble. Le otorga la seguridad de una fortaleza, sin vanos ni aspilleras, erigida por miedo al campo abierto de la vida, al riesgo de la libertad humana, que siempre conlleva inseguridad, soledad, distanciamiento.

Tomando como ejemplo al antisemita, Sartre describió como sigue el prototipo del metafísico totalitario:

> Es un hombre que tiene miedo. No de los judíos, [sino] de sí mismo, de su libre voluntad, de sus instintos, de su responsabilidad, de la soledad y de cada cambio, del mundo y del hombre [...]. El antisemita quiere ser un peñasco inamovible, un arroyo fluente, un rayo devastador; cualquier cosa excepto un hombre.

La metafísica totalitaria constituye la perversión de un pensamiento universalista: ayuda al hombre a desembarazarse de su precaria unicidad y pone a su disposición imágenes y representaciones en las que pueda sentirse parte integrante de un todo, en reñida oposición a aquellos que no pertenecen a éste. El significado de esta oposición es evidente: el sentimiento de la propia totalidad, bien observado, no es más que el resultado del retroceso del ataque dirigido a los otros, a lo ajeno.

El metafísico totalitario tiene que destruir la morada ajena para poder sentirse como en casa. La vida en libertad supone para él una exigencia que no puede afrontar. Busca cobijo en la seguridad frente a lo abierto y lo extraño. Aunque la estrategia que emplea para volver al hogar pasa por reducir a cenizas la tierra. Su verdad consiste en la destrucción tanto del propio ser-otro como del ser del otro. Büchner proclama en su *Dantón:*

> Cuando nos crearon hubo un error, algo se nos amputó, no se me ocurre cómo podemos llamarlo, y tampoco vamos a arrancárselo al vecino de las entrañas, ¿a qué andarse reventando cuerpos?

El metafísico totalitario sólo puede sentirse pleno si destruye en los otros aquello que pueda recordarle que algo le falta, que su vida nunca podrá ser algo completo, que una parte de ella siempre está lejos, en lo extraño.

Una de las más complejas calidades del hombre es aceptar esa extrañeza y hacer de ella una virtud.

Kafka es un ejemplo de ello.

En vísperas de la hecatombe totalitaria en Europa, en 1922, anota en su diario acerca del sentido de su escritura: «Zafarse de la fila de asesinatos, observar los hechos».

Kafka
o el arte de residir en lo extraño

La vacilación prenatal

Milena Jesenska intenta explicar en una carta a Max Brod por qué su amor por Kafka era un amor imposible. Kafka, afirma Milena, sencillamente no habitaba en una realidad en la que se pudieran mantener vínculos ni relaciones amorosas:

> La cuestión es que todos nosotros aparentemente somos capaces de vivir refugiándonos alguna que otra vez en la mentira, en la ceguera, en el entusiasmo, en el optimismo, en una convicción, en el pesimismo o en lo que sea. Pero él nunca se ha refugiado en ningún tipo de asilo protector, en ninguno [...]. Es como un hombre desnudo entre gente vestida.

El propio Kafka en una carta a Milena se había descrito expresamente como ese hombre «desnudo», negado para las convenciones y las coartadas que nos sirven para vivir, para el que no parece existir siquiera el amparo de las cosas más triviales proporcionadas por la cultura, un hombre sin «asilo protector»:

> Es más o menos como si alguien, antes de dar un simple paseo, no sólo tuviera que lavarse, peinarse, etcétera —lo

> cual ya es bastante agotador—, sino que además, ante la incesante carencia de todo lo necesario para dar siquiera un paseo, tuviera que coserse la ropa, hacerse los zapatos, confeccionarse el sombrero, tallarse el bastón, etcétera. Por supuesto, no puede hacer todo esto bien; quizá le sirva para un par de calles, pero, por ejemplo, al llegar al Graben [una calle de Praga. R.S.] se le deshace todo y se queda desnudo, entre harapos y jirones. ¡Qué tortura la de volver corriendo al casco antiguo! Y al final termina por encontrarse con una multitud ocupada en perseguir judíos por la Eisengasse [...]. No me malinterpretes, Milena: no digo que ese hombre esté perdido, de ningún modo, pero sí que está perdido si se le ocurre dar un paseo por el Graben para avergonzarse a sí mismo y al mundo.

Kafka se siente indefenso porque cada vez que osa acercarse a los hombres debe empezar de cero. Carece de todo lo que es propio de la *normalidad:* una lengua común, un sentido común, un discernimiento común de lo verdadero y de lo falso, del bien y del mal.

Quien no es capaz de salvar la distancia extrañadora que lo separa de los mitos y los rituales de una cultura está literalmente perdido cuando se aventura a salir a la calle. Mientras todos los demás dominan claramente las reglas del juego y parecen poseer una identidad compacta, él gasta sus fuerzas en mantener una coherencia.

Pero —Kafka expresa también esto con claridad— sólo tiene que bregar con estas dificultades «al llegar al Graben», es decir, al llegar *al mundo,* el lugar al que el amor de Milena lo arrastra.

A solas consigo mismo no está en absoluto perdido. Cierto es que en el propio interior también encuentra una peligrosa inmensidad de relaciones laberínticas. En su cabeza, además, habita un *enemigo.* Él lo llama la «embestida» de «la vida interior»: el «vago embate de las ganas de escribir, el insomnio, la acechanza de la locura». Pero a pesar de ello, nos hace saber, todo cesa cuando permanece en su caverna sin nada que lo obligue a salir...

En 1922, dos años después de la citada carta a Milena, ofrece una interpretación de sí mismo bajo la sucinta fórmula: *«Mi vida es la vacilación prenatal»*.

Kafka se asoma al mundo como alguien que aún no ha llegado a él. Y como lo que esa mirada extraña le muestra no le seduce, no encuentra las fuerzas necesarias para acelerar su nacimiento. Vacila porque tiene miedo. Y precisamente porque vacila, su miedo crece. Todo en él es miedo, confiesa a Milena.

Pero también escribe —en sus cartas a Milena, en sus cartas a Felice, en su diario— que todo en él es «literatura».

> Desde el punto de vista de la literatura, mi destino es muy simple. El sentido de la descripción de mi visionaria vida interior ha relegado todo lo demás al terreno de lo accesorio, lo que provoca que se haya atrofiado de un modo terrible, y que siga atrofiándose. Ninguna otra cosa podrá satisfacerme nunca. *(Diarios,* 1914.)

La «vacilación prenatal», el miedo al mundo y la escritura, son para Kafka casi lo mismo. La vida «prenatal» se lleva a cabo en la escritura. La escritura agrava el miedo al mundo a la vez que sirve de refugio frente a ese mundo aterrador.

Se ha escrito mucho acerca del miedo al mundo de Kafka. Él mismo fue muy extravertido en este punto. Sin tapujos, confiesa a su prometida Felice sus miedos con respecto al sexo. Teme quedarse impotente en el caso de que la relación acabe en matrimonio. Teme a su padre, lo aterran sus pretensiones pues no cree poder satisfacerlas: éxito laboral, fundar una familia, reconocimiento social. Tiene miedo también al trato social cotidiano con la gente, a sentirse perdido.

El miedo nace asimismo de su precaria situación social al ser judío. No es lo suficientemente judío como para encontrar protección en los vínculos religiosos del judaísmo, y al mismo tiempo es demasiado consciente de su condición de judío para poder tomar el camino de la asimilación. Sin bandera ni nacionalidad alguna —los judíos en Praga eran rechazados tanto por los alemanes como por los checos—, tan sólo le resta buscar cobijo en el lenguaje. Pero del mismo modo que Kafka no pertenece al pueblo alemán, la lengua de éstos no le pertenece a él: la ha usurpado, así lo siente, por eso la estancia en ella no supone protección alguna frente al miedo. En cualquier momento, afirma, podrían arrebatarle esa «presa».

Las interpretaciones que el propio Kafka hace de sí en las que sus miedos ocupan un lugar central relegan la escritura a mera expresión de una derrota ante la aterradora vida. La escritura como una retirada ante la vida, es decir, la escritura como vida debilitada.

Pero también encontramos otra versión de Kafka facilitada por él: en la escritura y sólo en ella alcanza la verdad de la vida. A este respecto es lo suficientemente inmodesto para no referirse sólo a *su* vida. Se siente un caso extremo, alguien cuya *naturaleza* le condena a adentrarse en regiones que permanecen vedadas y que, no obstante, le resultan habitables. Es lo suficientemente inmodesto para interpretar sus incursiones literarias como un «asalto a las últimas fronteras terrenales.» *(Diarios,* 16 de enero de 1922.)

También hay momentos en los que Kafka parece saber que es Kafka. Prueba de ello es una temprana anotación de su diario:

> El mundo descomunal que tengo en la cabeza. Pero cómo liberarme y liberarlo sin que nada se desgarre. Mil veces prefiero el desgarramiento a que se quede dentro de mí. Para eso estoy aquí, eso me resulta evidente.

De nuevo la metáfora del nacimiento. Pero en esta ocasión la escritura no consiste en una vida debilitada, en una «vacilación prenatal». Al contrario: la escritura es un parto. Un «mundo descomunal» en la cabeza empuja para venir al mundo.

El mundo descomunal

Efectivamente, el mundo de la obra kafkiana se revela como «descomunal». Su riqueza significativa parece ser inagotable. Da la impresión de que la infinidad de interpretaciones que la obra de Kafka admite coincide con la de la vida misma. Probablemente una obra así sólo pudo ser escrita desde el punto de vista de la «vacilación prenatal», pues, desde el mismo momento en que se nace en unas determinadas circunstancias vitales, la capacidad perceptiva se ve domeñada por la familiaridad, la costumbre y las convenciones propias de una cultura.

Kafka llegó a la vida como quien accede a un lugar ignoto e intenta investigar esta vida desde su verdad; como si se tratara de un etnólogo que visita una cultura desconocida y se esfuerza por comprender su coherencia, su sentido, sus reglas.

Al etnólogo lo mueve la curiosidad: se expone a la cultura ajena porque la suya le resulta familiar. Bien distinto es el caso de Kafka. Su único hogar es esa misma investigación literaria. El «mundo descomunal» que descubre no es sino el mundo cotidiano visto desde la perspectiva del que aún pone reparos a nacer. Es como cuando alguien participa de improviso en un juego cuyas reglas desconoce. No puede ponerse a jugar sin más: a cada paso cometería un error y con ello entorpecería la partida de los demás. Habría que interrumpir el juego para poder explicarle las reglas y luego reanudarlo. Pero este juego, la vida, no puede interrumpirse. Entonces el que no sabe jugar intenta aprender las reglas observando a los demás participantes. En lugar de jugar, tiene que dedicarse a interpretar. Naturalmente, espera llegar de una vez al final del proceso interpretativo y poder por fin jugar. Pero cuanto más intenta interpretar el juego, más incomprensible le resulta. Impaciente, realiza torpes intentonas: no puede esperar a comprenderlo todo. Mas ahora ya no sabe si lo modificado en el curso de sus intervenciones sigue formando parte del juego. Quizá los sorprendidos participantes responden a sus disparatados movimientos con un juego nuevo, con lo cual el jugador novato no alcanza a saber si debe interpretar los siguientes movimientos como parte del juego anterior o del nuevo. Sobre este tipo de jugadas de la vida se dice en la novela de Kafka *El castillo:* «Las reflexiones que suscitan son infinitas...».

Kafka empieza a trabajar en *El castillo* durante su estancia en el sanatorio de la localidad montañosa de Spindlermühle, en el invierno de 1921-1922. La región está completamente cubierta de nieve, del mismo modo que el pueblo de la novela está sumergido en la nieve la noche en que llega el agrimensor K. Por causa de su galopante tuberculosis, Kafka obtiene del seguro social de Praga la jubilación anticipada. La relación amorosa con Milena ha terminado. En los últimos dos años apenas ha escrito nada. Se siente como en tierra de nadie. Sin amor, suspendido de toda actividad laboral, «expulsado» de la escritura. La vida parece hundirse en las masas de nieve que lo rodean.

Tras uno de sus paseos vespertinos por un camino nevado («Un camino carente de sentido, sin una meta terrena»), anota en su diario:

> Si sólo consistiera en esto, como puede parecer en el camino cubierto de nieve, sería terrible, estaría perdido [...]. Pero yo estoy en otra parte, nada hay tan fuerte como la fuerza de atracción del mundo de los hombres, en un instante puede hacer que lo olvides todo. Pero también es grande la fuerza de atracción de mi mundo, aquellos que me aman, me aman porque estoy ausente [...] porque sienten que la libertad de movimientos, que aquí me falta por completo, la poseo a otro nivel en tiempos felices.

En *El castillo* Kafka intenta representar dos mundos —el *mundo de los hombres* y *su* mundo, la raigambre vital de *abajo* y la de *arriba*—, intenta describir el poder de atracción de ambos, su mutua reciprocidad; pero sobre todo quiere dedicarse a la siguiente cuestión: ¿desde dónde es posible una vida *verdadera,* desde *abajo* o desde *arriba,* desde el *mundo de los hombres* o desde *su* mundo?

Kafka dejará inacabado este intento de novela. Corre la misma suerte que su protagonista. El agrimensor tampoco encuentra el camino que conduce al castillo que tan claramente tiene ante los ojos. En un callejón lateral del pueblo se hunde en la nieve, vuelve a encontrarse en un cuartucho donde un calor sofocante lo adormece...

El paseo vespertino por el camino nevado que Kafka relata en su diario termina ante un puente. No encuentra sentido alguno, escribe, en seguir adelante, cruzar el puente y adentrarse en la noche invernal. Donde Kafka se detiene comienza el protagonista de la novela, el agrimensor, su camino:

> Era ya entrada la noche cuando llegó K. El pueblo estaba sumergido en la nieve. De la colina del castillo no se veía nada [...]. Durante un buen rato K. se detuvo en el puente de madera que desde la carretera llevaba al pueblo y levantó los ojos hacia el vacío aparente.

Enviando a su agrimensor K. más allá del puente ante el que el propio autor se dio la vuelta, Kafka, por así decirlo, encarga a su protagonista como a un sustituto el experimento de atreverse a *venir al mundo*. El agrimensor comienza de cero, todos los puentes que ha dejado atrás están bloqueados; el porqué no está en la novela. Desea empezar de nuevo. No busca la verdad, no está sediento de conocimiento. Simplemente desea conquistar un sitio en el pueblo. Si esto implica estar en *la verdad,* sólo puede entenderse en el sentido de la cita de Flaubert que tanto gusta a Kafka, según la cual sólo vive *en la verdad* aquel que está férreamente atado al trabajo, al matrimonio y a las obligaciones familiares.

El agrimensor no es, pues, un caballero del Grial enviado para airear el misterio de un ominoso castillo. «¿Es que hay aquí un castillo?», pregunta confuso al despertar de un primer sueño junto a la estufa de la posada del pueblo. Quien lo despierta de manera brusca se presenta como el hijo del alcaide, y le explica:

> Este pueblo es propiedad del castillo, quien vive o pernocta aquí, de alguna manera vive y pernocta en el castillo. A nadie le está permitido hacerlo sin permiso del conde.

Pero usted no tiene permiso o al menos no lo ha mostrado.

La manera en que al poco tiempo obtiene ese «permiso» es terriblemente sencilla. El alcaide llama a la administración del castillo. Allí no saben nada de la llegada de un agrimensor. Luego suena el teléfono, es la administración de nuevo, corrigen la «equivocación» de la primera negativa. A partir de ese momento el alcaide y el resto de los habitantes del pueblo se dirigen a él como el «agrimensor». Poco después se presentan los dos ayudantes que el castillo le ha asignado y un mensajero, Barnabás, le entrega una carta del funcionario Klamm en la que pone: «Muy señor mío: como usted sabe ha sido admitido en el servicio señorial...».

En este momento la historia podría llegar a su fin. K. ha visto cumplidos sus deseos. Es ratificado como agrimensor. El funcionario del castillo le remite al alcalde del pueblo. Con él debe arreglar todo lo concerniente al trabajo y al salario, ante él rendirá cuentas. Klamm le informa de que el mensajero Barnabás le preguntará de vez en cuando por sus deseos y se los transmitirá al castillo. «Para mí es importante», escribe Klamm, «tener satisfechos a los empleados.»

Pero ahora el alcalde le explica que en realidad no necesitan ningún agrimensor. Las lindes de las fincas están desde antiguo registradas. Las pequeñas disputas sobre la propiedad del terreno que pudieran producirse en el futuro pueden resolverse sin necesidad de un catastro ni de nuevas mediciones. Resumiendo: el agrimensor puede quedarse en el pueblo pero sin recibir encargo alguno.

Al poco de su llegada, K. ya se enfrenta a una contradicción elemental. Es admitido a la vez que rechazado.

¿Cómo debe comportarse ante esa contradicción? No ve otra posibilidad que dedicarse al arte de interpretar. Quizá esas contradicciones lleguen a disiparse si descubre el significado oculto tras las palabras y los actos. ¿Puede, por ejemplo, dar crédito a lo que le ha dicho el alcalde? ¿Tiene realmente ese hombre algún tipo de criterio? Las dudas lo asaltan al descubrir el enorme fárrago que son los papeles de la oficina del ayuntamiento. Además, parece ser más bien la mujer del alcalde la que conoce verdaderamente las cuestiones administrativas. ¿Acaso el alcalde pretende excluirlo y desalentarlo por intereses egoístas que K. aún ignora? ¿No estará su mujer detrás de todo? A todo esto, K. ha empezado un amorío con la camarera Frieda, antigua amante de Klamm. Cabe también la posibilidad de que la mujer del alcalde esté celosa por ello.

El desconcierto de K. crece cuando el alcalde le describe el procedimiento administrativo del castillo. Allí reina manifiestamente un caos indescriptible. Ya que es posible que todo se deba, deja entrever el alcalde, a que hace ya tiempo fue solicitado un agrimensor; procedimiento que quedó pendiente dada la maraña burocrática del castillo y que ahora ha sido nuevamente puesto en marcha debido al celo de un funcionario, posiblemente un incompetente.

K. se indigna ante esa «ridícula confusión... que dado el caso puede ser decisiva en la existencia de un hombre». Las historias del alcalde, suponiendo que fueran dignas de crédito, invalidan la carta de Klamm. De cualquier modo, K. no habría hecho una profunda exégesis de la carta de no estar invadido por una gran duda e inseguridad. Se había quedado atascado en las palabras: «*Como usted sabe,* ha sido admitido en el servicio señorial». Cuanto más reflexionaba sobre ellas, más indescifrable le resultaba su sentido. La frase «Como usted sabe», ¿confirmaba realmente su admisión en el pueblo, o no significaba nada más que Klamm absurdamente estaba corroborando el hecho de que el agrimensor creía saberse admitido? En ese caso Klamm sólo se habría hecho eco de lo que él sabía. Si eso se corresponde con la verdad, si ha sido realmente admitido o sólo se lo imagina, es una cuestión que permanece abierta.

K., que no vino al pueblo para encontrar la verdad, sino para vivir y trabajar allí como uno más, se aparta cada vez más de su meta inicial. Se limita a aceptar, como él mismo dice, «la lucha con el castillo». Pero esa «lucha» consiste ante todo en descubrir la verdad sobre el castillo. Cuando en el pueblo la actitud frente a él es de rechazo, cuando no logra entrever la compleja maraña de relaciones entre sus habitantes, ni tampoco el porqué de algunas maneras de actuar, cuando, en definitiva, determinadas reglas básicas de la convivencia no se cumplen con normalidad allí abajo en el pueblo, él se dirige a la «más alta instancia». Debe captar la verdad del castillo para que su vida allí abajo, en el pueblo, adquiera a su vez verdad. *Verdad* equivale a sentido, legitimación, justificación. A ese respecto K. no se engaña ni un instante: los «lugareños», los habitantes del pueblo, no necesitan plantearse explícitamente la pregunta por la verdad, no necesitan meditar profundamente sobre las cartas provenientes del castillo, no están acosados, como él, por la polisemia, no tienen que emplear su tiempo en interpretar lo que sucede a su alrededor ni lo que les pasa a ellos mismos. Nada de esto les es necesario, puesto que gracias a su raigambre están *en la verdad,* y por eso no han de encontrarla primero. K. los envidia por eso. Quiere ser como los habitantes del pueblo:

Tan pronto como resultó indiferenciable de Gerstäcker o de Lasemann[1] —tuvo que suceder muy rápidamente, pues todo dependió de ello—, todos los caminos se le abrieron de golpe...

Pero ni el agrimensor ni el propio Kafka llegarán a *formar parte de* de manera tan natural. Su enraizamiento en la vida *normal* no se realiza con éxito. Kafka:

> No es la indolencia, la mala voluntad, el desacierto lo que hace que fracase en todo: vida familiar, amistad, matrimonio, profesión, literatura; es la carencia de suelo, de aire, de exigencia.

Kafka soñó con semejante enraizamiento e incluso se esforzó por llevar una vida cargada de *verdad.* Se enamoró tres veces; con Felice llegó incluso a escoger los muebles para su futura casa. En dos ocasiones hizo planes para emigrar a Palestina. Quiso aprender un oficio manual. En casa de su hermana lo intentó con la agricultura. Pero tras un tiempo, abandonó esos intentos para volver al mundo de su escritura, en el que, al igual que en *El castillo,* exploró las inmensas dificultades para venir al mundo. Paradójica situación: Kafka entiende el acto de escribir como retirada del mundo, pero su escritura gira casi siempre en torno al problema de cómo poder hacer un mundo habitable de ese ominoso *otro lugar.*

Kafka y el agrimensor se sienten excluidos de las *verdades implícitas* de la vida, de aquellas verdades que otorgan una realización inmediata de ésta. Esto los relega a lo extraño, por lo que intentan dar con una *verdad explícita* que, una vez asimilada, posibilite una vida *verdadera,* es

1. Dos habitantes del pueblo. *(N. del A.)*

decir, una vida que halla justificación, legitimación y sentido en una instancia *superior*. Pero la lógica del «primero la verdad y luego la vida» no acaba de desembocar nunca en la vida: esto es lo que ilustran las parábolas de Kafka.

En la parábola *Ante la ley,* un «hombre de campo» exige ser admitido en la «ley». El guardián de la puerta se lo impide; no por medio de la violencia física, sino a través del diálogo. Impresionado por su discurso, el campesino se sienta largo tiempo frente a la puerta. Finalmente el guardián le hace saber que ese acceso sólo estaba destinado a él, al hombre de campo. ¿Acaso no tendría que haber entrado directamente sin prestar atención a las palabras del guardián, en lugar de escucharlas y perderse en la tarea de interpretarlas?

El agrimensor se comporta del mismo modo. ¿Por qué no se pone sin más a trabajar y ocupa su puesto por mucho que en principio no se le quiera dar acomodo? ¿Por qué dedica el día y la noche a escuchar los chismes de los habitantes del pueblo esforzándose por descubrir la *verdad* para preparar la estrategia adecuada en la lucha contra el castillo? El agrimensor, sin haber avanzado un solo paso, acaba extenuado, tan extenuado como el propio Kafka, fatigado por el sufrimiento «que esta vida no vivida comporta».

En *Investigaciones de un perro,* una narración tardía de Kafka, el perro intenta descubrir los secretos de la nutrición canina: pretende remontarse a sus orígenes, fundamentar su naturaleza; lo cual sólo es posible, piensa el perro, desligándose de ella. No *estando en ella* podrá tenerla *ante los ojos*.

El perro ayuna para poder investigar. Persigue averiguar el misterio de la vida (canina) empleando un método que la excluye. El agrimensor procede del mismo modo.

Todos en el pueblo están conectados al castillo a la

manera de una cadena alimentaria. Todos portan la *verdad* en sí mismos. Está *implícita* en sus vidas. Sin embargo, el agrimensor no comparte la verdad implícita en la vida del pueblo. Aspira a una relación especial con el castillo, ambiciona hacer explícita la verdad; anhela vivamente instrucciones, normas, mandatos, justificaciones, legitimaciones. Esto tiene como consecuencia que cada vez se aparte más de su primer objetivo: ser asimilado. Pues como reza un aforismo de Kafka: «Todo se reduce a dos cosas: la verdad y la mentira. La verdad es indivisible, no puede conocerse a sí misma: quien desea conocerla ha de pertenecer a la mentira».

El agrimensor vive en la *mentira* porque cree que antes de empezar a vivir es necesario *conocer* la verdad de la vida.

Con este empeño contagia su inquietud a la gente del pueblo. Los conduce a una situación en la que también ellos tienen que hacer explícita su relación con el castillo. Los arranca de la inmediatez de sus vidas. Les exige que le revelen el secreto de su fuerza vital, hace aflorar la verdad silenciosa que incide en sus vidas. La mayoría reacciona ante esta exigencia con un rechazo mudo, casi hostil. Cuando el agrimensor pregunta al maestro del pueblo si conoce al señor del castillo, el conde West-West, éste se toma la pregunta como una auténtica obscenidad.

Sólo las mujeres hablan sin tapujos cuando se les pregunta por el castillo. Mas no parecen hablar del mismo castillo.

En el mundo de los hombres el castillo representa un poder ominoso. En cambio, las mujeres cuentan historias de amor.

Para las mujeres el castillo no es un aparato de poder sino la esencia de la entrega sexual. Ante todo aspiran a acostarse con el señor. El momento culminante de sus vidas es haber sido elegidas como amantes por un funcionario del castillo. Esa *elección,* por poco que haya durado, se convierte en el recuerdo más precioso de las mujeres del pueblo. De ahí se nutren sus vidas, ahí radica su dignidad y su fuerza. Los hombres del pueblo, excluidos de esa relación, al lado de esas mujeres resultan débiles e inmaduros. Por eso en el pueblo rige una especie de matriarcado. Las mujeres portan más *verdad* en su interior si se han dejado penetrar por los funcionarios del castillo.

El juego de la sexualidad: ¿es ésta quizá la trivial verdad del castillo, y por consiguiente aquella verdad vivida que otorga unidad, no ya al pueblo, sino al mundo entero? El hecho de que pudiera ser ésta la relación mantenida con la verdad provoca que al agrimensor lo asalte un mal presentimiento cuando entra en contacto con la repudiada familia de Barnabás.

El pueblo se apartó de esa antaño respetable familia porque Amalia, una de las hijas de la casa, cometió la monstruosidad de rechazar la proposición amorosa de un funcionario del castillo. El funcionario le había escrito una carta abiertamente obscena que ella rompió delante del mensajero. Amalia violó un tabú. La monstruosidad perpetrada no consistió solamente en rechazar al funcionario, más grave es haber visto lo que en interés de la conservación de la comunidad no *debe* verse: que el castillo exige del pueblo relaciones obscenas. Dicho de otro modo, todo el mundo habla del castillo, de la verdad de la vida, y, sin embargo, piensa y anhela una sola cosa: sexo.

Amalia descubre el juego, no se deja cegar por la sentimentalidad con que las otras mujeres adornan sus historias con el castillo, «ella veía el fundamento [...], se mantuvo firme frente a la verdad, y vivió y sobrellevó esta vida tanto entonces como ahora».

A Amalia se le aplica una de las reglas de la comunidad: aquel que remueve sus tabúes, su verdad latente, es expulsado.

Del mismo modo que Amalia preserva su pureza de los requerimientos del castillo, preserva también su dignidad, lo cual la condena al ostracismo; no así los demás miembros de la familia, que para no ser excluidos del *juego* están dispuestos a aceptar las reglas más severas. Su hermana Olga, por ejemplo, oficia de prostituta para los funcionarios de más baja graduación con la esperanza de alcanzar así la gracia del castillo...

Amalia, sin embargo, sólo muestra desprecio por todo lo que guarda relación con el castillo:

> Una vez oí hablar de un joven que dedicaba el día entero a pensar en el castillo desatendiendo todo lo demás; se llegó a temer por su juicio ya que todo él estaba allá arriba en el castillo. Finalmente se supo que no era el castillo en lo que pensaba, sino en la hija de una limpiadora de la cancillería, a la que por supuesto terminó por conseguir, y todo volvió a la normalidad...

El agrimensor K. también piensa todo el tiempo en el castillo. También él persigue a cualquier mujer que guarde alguna relación con el castillo. Pero su comportamiento es justamente el contrario al del joven de la historia de Amalia. El afán de éste por el castillo no era más que el anhelo de una mujer, mientras que el agrimensor se aferra a las mujeres para alcanzar el castillo.

Uno busca el sexo en el castillo, el otro busca el castillo en el sexo. El agrimensor no puede soportar la idea de que la *verdad* de la vida consista en la mera sexualidad. Buscando en la sexualidad una relación con el castillo, persigue algo de más magnitud, algo totalmente distinto que quizá pueda darse en ella.

El agrimensor se revuelca con Frieda en un charco de cerveza en el patio ante la habitación del funcionario Klamm, pero no tiene en mente a Frieda, sino a ese Klamm, es decir, al castillo. No es en el abrazo de la mujer donde K. espera encontrar su *verdad,* es en la habitación de Klamm. El abrazo de Frieda le provoca terribles sensaciones:

> Pasaron horas, horas de respiración acompasada, de conjuntado latir de corazones, horas en las que K. tenía sin cesar la sensación de perderse o de que estaba ya muy lejos en un lugar extraño donde no había estado antes hombre alguno, un lugar extraño donde ni siquiera el aire tenía un solo componente del aire de la propia tierra, donde uno a la fuerza se asfixiaba de extrañeza y en cuyas seduccio nes absurdas no se podía hacer otra cosa que seguir caminando, que seguir extraviándose.

Cuando en ese momento una «voz autoritaria e indiferente» proveniente de la habitación de Klamm llama a Frieda, el agrimensor se siente de pronto liberado, como en un «amanecer consolador»: por fin el castillo interviene en ese abrazo obsceno, le da cierto significado que salvaguarda al agrimensor del asco por la ausencia de sentido de esa contienda en el charco de cerveza. El agrimensor repite el requerimiento procedente de la habitación de Klamm que Frieda no pudo oír. Pero ella hace caso omiso. Llama de forma obstinada a la puerta de Klamm y grita que se queda con el agrimensor.

K. no puede alegrarse por esta *victoria.* Una mujer que en vez de allanarle el camino al castillo le cierra el paso pierde de inmediato todo valor. En sus brazos se siente *perdido,* por lo que huye hacia otras mujeres siempre en busca de accesos, de entradas al castillo.

También los escarceos amorosos del propio Kafka están condicionados por la negativa a admitir que la verdad del sexo es la verdad del amor. Al igual que el agrimensor, Kafka anhela algo así como el *castillo,* una *verdad* que lo preserve de perderse en la sexualidad. En la época de su primer compromiso con Felice Bauer, anota el 14 de agosto de 1913 en su diario:

> El coito como castigo por la felicidad de estar juntos. Una vida lo más ascética posible, más ascética que la de un joven célibe, es la única posibilidad que tengo de soportar el matrimonio.

Kafka encuentra una estrategia para mantener un compromiso con una mujer sin romper su relación con el castillo. En una nota a Max Brod fechada en el verano de 1912 formula dicha estrategia: «Si de verdad fuera posible estar unido a una chica sólo a través de la escritura...».

Tres meses más tarde intenta emprender ese proyecto: establecer un vínculo con una mujer por medio de la escritura. Se trata de un compendio de cartas a lo largo de cinco años con una extensión de setecientas páginas en su versión editada. Una historia de amor que se ubica entre la literatura y la vida. La destinataria, Felice Bauer, no es ficticia, si bien Kafka pretende *reinventar* de manera atrevida y «diabólica» —como él mismo manifiesta consciente de su culpa— a esa mujer, la relación que con ella mantiene e incluso a sí mismo.

Canetti ha narrado de manera magistral la historia

de amor entre Kafka y Felice Bauer. Yo me limitaré a esbozar la estrategia empleada por Kafka para conjugar la sexualidad con el *castillo,* la ascesis del cuerpo con el éxtasis de la escritura.

La historia comienza el 13 de agosto de 1912. Kafka tiene veintinueve años. En los meses anteriores la presión por parte de su padre para que su existencia de soltero tocara a su fin se había vuelto más atormentadora. Ese verano Kafka había recibido la visita de su tío soltero de Madrid, quien siempre se estaba quejando amargamente de su soltería. El año anterior, motivado por el encuentro con una compañía de teatro de judíos del Este, Kafka había estado leyendo el Talmud, donde había encontrado la frase: «Un hombre sin mujer no es un hombre». Resumiendo: Kafka no cree poder sustraerse por más tiempo a la obligación de casarse. En esa misma época empieza a su vez a dar los primeros pasos para publicar.

Ese 13 de agosto Kafka va a ver a su amigo Max Brod a casa de sus padres para seleccionar los textos que van a componer su primera publicación, la colección de prosa *Contemplación,* para la editorial Rowohlt. Una pariente lejana de Brod está esa tarde de visita: Felice Bauer. Veinticuatro años, judía, soltera, apoderada en una empresa de dictáfonos en Berlín.

Kafka en un principio apenas hace caso a esa mujer que toma, según escribe pocos días después en su diario, por una «sirvienta». Sin embargo, le llama la atención su «rostro huesudo y vacío, que delataba su vacío interior».

Cuatro semanas después de ese primer encuentro, Kafka resuelve —fue una «resolución» y no un enamoramiento— rellenar ese «rostro vacío» con los trazos de su escritura. El proyecto de «estar unido a una chica sólo a través de la escritura» da comienzo.

Ya en su segunda carta a Felice le pide que lleve una

especie de diario. Demanda datos precisos sobre cuestiones como: cuándo ha desayunado, a qué hora ha llegado al trabajo, qué aspecto tiene su oficina, en qué emplea su tiempo libre, quiénes son sus amigas y sus amigos; qué tiempo ha hecho, cómo ha dormido, etcétera.

Llama la atención que Kafka, que ya desde la tercera carta empieza a desplegar ante Felice su vida interior, apenas muestra interés por lo que ella piensa y siente. Con respecto a sí mismo afirma todo el tiempo que su realidad «exterior» silencia la «verdad» de su persona. Por el contrario, lo que solicita de Felice es un protocolo lo más preciso posible de su «realidad exterior». Las cartas de Felice no se han conservado. Seguro que en ellas escribió acerca de su vida interior, pero Kafka hace tan pocas referencias a ella que apenas encontramos en sus cartas una imagen esquemática de esa mujer. Da la impresión de que, perdido en su propio laberinto interior, no puede ni quiere entrar en el laberinto de otra persona. Ya tiene suficiente con la propia ambigüedad; la ajena es demasiado para él. Kafka nunca es tan claro al respecto con Felice, si bien se lo da a entender indirectamente. A una observación de Felice —la primera tarde Kafka apenas parecía haberle prestado atención— contesta a modo de protesta con una epístola de extensión desmedida que describe el transcurso de esa tarde con tal minuciosidad que el normal acontecer de la velada parece transformarse en todo un misterio. Kafka da un ejemplo de su proceder literario en el que las historias más sencillas abren un abismo de posibilidades interpretativas. «Lo que era una historia sencilla se ha vuelto desproporcionada», se dice en una ocasión en la novela *El proceso*. Igualmente «desproporcionada» se torna la «sencilla» historia del primer encuentro con Felice Bauer la tarde del 13 de agosto de 1912 en la carta de Kafka.

La extensa epístola pretende advertir a Felice: un fragmento minúsculo de realidad ya encierra para él una inagotable plétora de posibilidades interpretativas. Lo mejor es, le escribe en una ocasión, elaborar «estampitas» por medio del lenguaje; la riqueza interpretativa de la vida se ve así reducida, de este modo se protege de que lo inunde la enorme ambigüedad de la vida.

Kafka anhela una regulación ascética de su relación con la realidad: el lenguaje y la imaginación funcionan como dispositivos de defensa frente al poder subyugante de la enigmática vida. De ahí la frecuente aseveración de Kafka: él es demasiado débil para la vida, sus fuerzas sólo alcanzan para la literatura. Por eso Kafka pretende acotar su relación con Felice al mundo que surge del intercambio epistolar; ha de tratarse de una relación *real,* pero, a su vez, lo que suceda entre él y Felice debe ser sólo *literatura.*

Durante los primeros meses de esta relación *imposible,* entre septiembre de 1912 y enero de 1913, a Kafka lo invade una auténtica ebriedad literaria. Se gestan las narraciones *La condena* y *La metamorfosis,* así como varios capítulos de la novela *América.* Evidentemente la energía literaria de Kafka guarda relación con el hecho de haber conseguido finalmente mantener una relación *real* con una mujer a través de la escritura. Él, que retrocede espantado ante el contacto físico con Felice, ha incorporado a esa mujer a su *proyecto* literario. La naturaleza de esta relación no pasa inadvertida para Kafka, quien en una ocasión llega a llamarse a sí mismo «vampiro». Ciertamente se ve atormentado por el sentimiento de culpa, si bien, gracias al sistema de reciclaje de su escritura, éste es convertido en materia prima y energía. La escritura se nutre del sentimiento de culpa que ella misma genera frente a la vida. La narración *La condena* trata precisamente de ese sentimiento de culpa. Kafka, siempre que pueda encerrarse en el «asilo de la escritura», es capaz de vivir con él. Esa construcción erigida gracias a la escritura empieza a correr peligro real en el momento en que Felice, cansada de la «locura de las cartas» (Kafka), insiste en un encuentro personal.

Con anterioridad, Kafka había subrayado pertinazmente que sólo en la escritura se acercaba a la verdad de su persona. Ahora, presa de una especie de pánico, cambia de perspectiva. Todo en su escritura, afirma, es pura mentira.

> Voy a Berlín sin otra meta que mostrarte y decirte lo que se extravió por carta, quién soy yo realmente [...]. Por escrito fue un fracaso [...], pero cuando yo llegue a existir realmente no podrá permanecer oculto por más tiempo [...]. La presencia es inevitable. (19 de marzo de 1913.)

La «inevitable presencia» pone de manifiesto una completa extrañeza mutua. Kafka llega a Berlín el 22 de marzo de 1913, Sábado Santo. Se apea en Askanischen Hof a la espera de noticias de Felice. El domingo por la tarde se encuentran y pasan juntos unas horas, angustiosas para Kafka, dando un paseo por el Grunewald. No tienen nada que decirse, nada sucede entre ellos.

Kafka ya había advertido a Felice sobre esto en una de sus primeras cartas: si se le saca de la escritura, *no queda nada de él:* «Cuando quiero explicar a alguien cómo soy y exponerme al completo [...], entonces no soy nada, y no quiero empezar por la nada» (8 de noviembre de 1912).

Pero, al igual que el agrimensor K. no puede renunciar a su deseo de compartir la vida con los habitantes del pueblo al abrigo de un trabajo y una familia, Kafka sigue bajo el «poder de atracción» del mundo «normal», por más que allí se sienta como la «nada». De ahí que, después del decepcionante encuentro de Semana Santa, siga aferrado a Felice. En el verano de 1913 pide su mano, a pesar de que casi se limita a mencionar motivos para que el matrimonio no se celebre. No podrá dejar de dedicarse en cuerpo y alma a su escritura, le advierte; por tanto, ella tendrá que llevar una vida solitaria por su cuenta. Al igual que el agrimensor, se aferra a una mujer pero huye de la realidad de la vida junto a ella, huye hacia aquella otra verdad que representa el castillo, una verdad que sólo se le revela en la escritura.

La intentona de «estar unido a una chica sólo a través de la escritura», es decir, el intento de conservar algo del «castillo» en una relación real con una mujer, fracasa. La mujer termina por salir de la realidad lingüística en la que la ha encerrado, momento a partir del cual la relación resulta invivible para él. Kafka, retrospectivamente: «Me ha sido concedido el placer de disfrutar de las relaciones humanas, no así el de vivirlas».

La verdad de la escritura

Vivir las relaciones humanas habría significado acatar la *ley* de la vida, reproducirse, juntar el propio cuerpo con el cuerpo de los otros; ser padre y luego ejercer como tal, llevar a otras personas de la mano e iniciarlas en la vida; desempeñar un trabajo útil, incorporarse al ciclo de conservación de la vida colectiva; aceptar el mantenimiento de la sociedad como el punto final de todas las preguntas por su sentido; mantenerse firme en la lucha que se libra en la jungla humana de lo social, luchar, dar y recibir golpes, ansiar el poder, dejarse gobernar por los roles sociales que hay que asumir. En resumidas cuentas: llegar a ser igual que el propio padre.

La escritura de Kafka es una vacilación ante la inminencia de *llegar* a ese mundo sólido y terrible. Escribir equivale a *permanecer fuera*.

> El curioso, misterioso, quizá peligroso consuelo de la escritura: zafarse de la fila de asesinatos, observar los hechos. *(Diarios,* 1922.)

La escritura como refugio es equiparable a preferir *ver* a *ser*.

Estas cuestiones arrojan nueva luz sobre la parábola *Ante la ley:* quizá el campesino subrepticiamente no quería otra cosa que permanecer ante la ley. «Lo único que se precisa para vivir», escribe Kafka, «es renunciar al placer propio; meterse en casa en vez de adornarla...» No obstante, hay un tipo de «placer propio» al que no está dispuesto a renunciar; Kafka denomina al escritor que lleva dentro una particular «construcción de la sed de placer».

Pero ¿de qué «disfruta» Kafka cuando escribe? Disfruta de aquello que lo atormenta cuando está bajo la presión social que la vida implica: de la propia indeterminación, de las infinitas posibilidades de la imaginación que puede desarrollar sin tener que reducirlas por culpa de las decisiones irrevocables; disfruta de su propia indefinición, la misma que lo aterroriza cuando se enfrenta a las presiones sociales que nos obligan a definirnos. En la escritura, esa «vacilación prenatal», disfruta de cada instante en el que aún no se ha dejado sugestionar por esas ficciones necesarias para vivir que son lo verdadero, lo bueno y lo útil. En la escritura todo está por decidir, y todo depende de uno mismo. Es el momento previo a la caída en las *verdades* ideológicas y sociales bajo las que tarde o temprano toda vida *nor-*

mal se cobija. Es el momento en el que todavía cabe *inventárselo* todo, ya que aún no hay nada objetivamente necesario que *encontrar* y luego asimilar sin más remedio.

Frente a Milena, Kafka defendió su mundo de la escritura con estas palabras:

> Éste es el mundo que poseo, y he de abandonarlo para pasar al otro lado por amor a una extraña brujería, a un truco de ilusionista, a una piedra filosofal, a una alquimia [...]. Nada de eso, la sola idea me aterra.

Kafka busca relacionarse con otras personas, especialmente con mujeres, pero siempre que tiene la sensación de pasar irrevocablemente «al otro lado», de haber sido arrancado de su estado prenatal, se aparta invadido por el dolor y el sentimiento de culpa. Ya inmerso en el mundo de la literatura, puede escudriñar de cabo a rabo esos dolores y sentimientos de culpa, dejar que penetren en él en su plenitud y soñar todo el tiempo con las dificultades de volver de nuevo al mundo.

En una ocasión Kafka se refirió a su escritura como una peculiar «huida del padre». Se trata, pues, de la retirada de aquel mundo de la *normalidad* apta para la vida que el padre representa. Sin embargo, el poder del padre es lo suficientemente fuerte para cargar el ejercicio de la escritura con cierto sentimiento de culpa. Cuando se mira a sí mismo con los ojos del mundo paterno se ve obligado a admitir: «No he vivido, me he dedicado a escribir». Liberado, en cambio, de esa perspectiva, puede afirmar: «Mi vida ha sido más dulce que la de los demás» (a Max Brod, 5 de julio de 1922).

Lo que Kafka difícilmente pudo hacer comprender a sus amigos y a sus prometidas, y que aún ahora apenas hemos comprendido, es que la ascesis de la vida exterior funcionaba como dispositivo de defensa para el éxtasis de la escritura. Kafka ha conocido momentos de una extraordinaria dicha. Sabe muy bien lo que tiene que defender. En la oficina, por ejemplo, lo tortura la idea de que «todo en mí está dispuesto para la labor literaria, una dedicación de ese tipo [...] supondría para mí una solución celestial, mientras que aquí, en la oficina, por causa de un acta miserable, tengo que arrebatarle un trozo de su carne a este cuerpo dotado para la felicidad».

Kafka vivió su vida familiar, su vida laboral, el judaísmo, la literatura, sus relaciones amorosas, «de manera más extraña que un extraño». Pero nunca acabó de sustraerse definitivamente a todos esos ámbitos. Buscó un *entre:* quiso estar ahí a la vez que «en otro lugar». Nunca abandonó voluntariamente ese trabajo de oficina que tanto maldecía. Únicamente su enfermedad lo obligó a dejarlo. Jamás se separó del execrado círculo familiar. Hasta pocos meses antes de su muerte no se mudó del piso paterno. Le encomendó destruir sus manuscritos a una persona de quien estaba seguro que no cumpliría el encargo. También esto forma parte de la estrategia para instalarse en un *entre,* en el límite entre la vida interior de la escritura y la vida exterior. Kafka quería estar solo pero buscaba *testigos* de su soledad. El éxtasis solitario de la noche en que escribió *La condena* fue forzosamente complementado por la mirada absorta de la doncella al topar con el insomne. En *Investigaciones de un perro* el protagonista llega a decir:

> Me arrimé allí, donde más apretado se estaba, pretendía que todos fueran testigos de mi trabajo, esa presencia constatatoria era para mí más importante que mi trabajo.

También los escarceos amorosos de Kafka siguen esta estrategia de contar con «testigos». Lo que no puede evitar es que esos testigos se vuelvan fiscales, ya que las exigencias de un público invitado son difíciles de soportar para alguien que pretende vivir sin más.

Tras dar por terminada su relación sentimental con Kafka, Milena escribe a Max Brod:

> Si entonces me hubiera ido con él a Praga aún seguiría siendo lo que fui para él. Pero tenía los pies demasiado asentados en la tierra, no fui capaz de dejar a mi marido, quizá era demasiado mujer como para tener la fuerza suficiente para someterme a una vida que sabía que iba a estar marcada por la más severa ascesis. En mí habita el irrefrenable anhelo [...] de una vida con un hijo, de una vida apegada a la tierra. Fue esto lo que venció [...] mi amor a volar...

La verdad del poder

«Volar» junto a Kafka: puede resultar difícil de imaginar si uno se atiene a la imagen tradicional del mártir, si uno se cree sin reservas el lamento de las cartas de Kafka, donde se retrata como un «muerto al que era mejor no haberlo sacado de la tumba».

No cabe duda: Kafka se sentía aplastado contra el suelo por los poderes de la vida; pero allí abajo, en la caverna de su escritura, sometió esos poderes a juicio, y llegó a un veredicto inverso al descrito en sus cartas: no es él quien queda reducido a la nada, sino esos poderes los que se disuelven en ella. En la caverna literaria Kafka echó a volar, nada podía allí oponer resistencia, no había allí poder que no pudiera superar. Milena supo verlo, por eso su amor por Kafka era un «amor a volar».

Un aforismo de Kafka reza así:

> A plena luz el mundo puede desintegrarse. Ante unos ojos débiles se torna firme, ante otros más débiles es como un puñetazo, ante otros aún más débiles aniquila sin pudor a quien osa mirarlo.

Se hace necesaria una distinción. Por un lado encontramos la intensa «luz» de la escritura kafkiana, capaz de desintegrar el «mundo», de abolir cualquier forma de poder; y por otro, los protagonistas de la obra de Kafka, «aniquilados» por el *poder* al no reparar en una cuestión decisiva: son ellos mismos los que otorgan el poder al poder. No resultan débiles porque exista un poder: eso es sólo lo que parece. Sucede justo al contrario: sólo por creerse débiles existe el poder.

El agrimensor de *El castillo* goza del mayor vigor al principio, cuando pregunta: «¿Es que hay aquí un castillo?». En ese instante aún no está intimidado, el castillo no ejerce poder alguno sobre él porque él no siente ningún respeto hacia el castillo. En ese momento aún quiere vivir en el pueblo, se va adentrando más y más en las ficciones que dan consistencia a la comunidad, entre esas ficciones se erige el castillo como un poder omnímodo con el que hay que estar a bien para poder vivir.

Es su autor y no el protagonista quien descubre qué hace poderoso al poder: el castillo sólo goza del poder que el agrimensor le otorga. El castillo no encierra ninguna verdad ni justificación que no *posea* ya uno mismo o que no pueda uno llegar a darse. En el castillo las propias fuerzas cobran una forma extraña, se erigen como poderes ajenos. El castillo no hace más que reflejar la realidad y la verdad propias.

Cuando el agrimensor, llegada el alba, divisa por primera vez a lo lejos la torre del castillo, el edificio circular de pequeñas ventanas que reflejan centelleantes la luz del sol dando una sensación «como de locura», aparece ante él como si «un triste inquilino, que con toda razón habría tenido que permanecer encerrado en el cuarto más apartado de la casa, hubiera perforado el tejado para hacerse ver ante el mundo». El «triste inquilino» se parece de manera asombrosa al autorretrato que Kafka nos ofrece en sus cartas.

K. no alcanza a comprender que el castillo no va a darle más justificación que la que él mismo pueda darse, que allí arriba en el castillo no va a encontrar ninguna *verdad* guardada por una *instancia* autónoma para ser otorgada a quien la alcance. La verdad del castillo ha de ser *inventada* por uno mismo, y no *encontrada* allí arriba. El agrimensor podría haber caído en la cuenta ya al principio de su triste peripecia. En una llamada de teléfono a la administración del castillo, K. se hace pasar por un tercer ayudante fruto de su invención. El funcionario muestra su desacuerdo: al agrimensor sólo se le han asignado dos ayudantes. «Ésos son los nuevos ayudantes», contesta K., él es el «antiguo ayudante.» «No», grita el funcionario desde el otro lado de la línea. «¿Quién soy yo entonces?», pregunta el agrimensor. «Después de una pausa dijo la misma voz [...], ahora en un tono más profundo y respetuoso: "Eres el antiguo ayudante".»

K. se ha inventado un personaje —el «antiguo ayudante»—, y sólo con insistir pertinazmente en que ese personaje inventado existe, el castillo da fe y corrobora dicha invención.

En esa escena el agrimensor tenía que haberse percatado de que el poder del castillo guardaba alguna relación con su propio poder. Pero no se da cuenta y se pierde en un interminable laberinto especular. No andaba por tanto muy lejos de la verdad cuando, al llegar al pueblo, supuso que allí donde estaba el castillo no había más que un «vacío». El lugar del poder estaba vacío pues todo el poder del agrimensor aún yacía en su interior. Si bien, a medida que K. es persuadido del poder del castillo por los habitantes del pueblo, el vacío se va llenando y el castillo se erige ante él en su monstruosa extensión.

Con todo, la potestad del castillo no deja de ser peculiarmente intangible, quimérica. En ningún momento se habla de una medida concreta proveniente del castillo que implique un cambio en el estado de las cosas. Su labor se reduce a levantar acta de lo que a cada momento va sucediendo, a registrar lo que acontece, a recibir reclamaciones al respecto. El poder del castillo no genera nuevas realidades, ni siquiera es un poder que prohíba, se trata de un inmenso aparato que constata lo que sucede. Ahora bien, las cosas en el pueblo son como son, tienen valor de realidad, una vez que el castillo las ha constatado y les ha dado carácter oficial.

Todo el poder del castillo proviene de aquel que se somete a él. De ahí que Kafka imagine la estrambótica escena inversa: el poder podría retornar adonde procede; podría disolverse en los que sometiéndose a él lo han creado. Cerca del final de esta novela inconclusa, el agrimensor, a altas horas de la madrugada, de nuevo en la posada, se adentra en lo más sagrado: la habitación de un secretario del castillo. Mientras K. lucha contra el sueño, el funcionario le hace una confesión memorable:

> Ese interpelado nunca visto, esperado siempre, esperado con verdadero ardor y considerado siempre razonablemente inalcanzable, está sentado ahí. Ya con su muda presencia invita a penetrar en su pobre vida, hallar en ella cobijo

como en la propia casa y, una vez allí, compadecer sus inútiles reclamaciones.

Quien busca la verdad de su vida acudiendo a instancias como el castillo se equivoca de puerta.

K. espera una orden proveniente del castillo que lo ayude a alcanzar la verdad de su existencia. Primero la verdad, luego la vida: ésta es la lógica que sigue. Busca en el castillo una verdad que lo haga libre, libre para seguir desempeñando tranquilamente su trabajo en el pueblo, libre para poder sentirse como en casa. Pero como el castillo retrocede como instancia dadora de sentido en favor de la nada, K. se ve abocado a practicar otra forma de libertad bien distinta:

> Entonces le pareció a K. que toda conexión con él se había cortado, que ahora era sin duda más libre que nunca y que podía esperar en ese lugar antes prohibido todo el tiempo que quisiera, que esa libertad la había obtenido luchando como casi ningún otro hubiese logrado hacerlo y que nadie podía tocarlo o echarlo, ni tan siquiera dirigirle la palabra; pero al mismo tiempo tuvo la impresión —y este parecer era al menos tan fuerte como el otro— de que nada era tan carente de sentido ni tan desconcertante como esa libertad, como esa espera, como esa inmunidad.

El agrimensor anhela una verdad que lo haga libre. No logra encontrarla ni tampoco es capaz de descubrir que semejante búsqueda constituye en sí misma un error, pues esa verdad en la que refugiarse como nos refugiamos en algo distinto a nosotros mismos no existe.

Lo que debería haber aprendido de esa experiencia de la verdad que casi lo destruye, eso que Kafka propone como lección, a él, a nosotros y a sí mismo, consiste en un nuevo ordenamiento de la constelación formada por la libertad y la verdad. No «La verdad os hará libres», al contrario: «*La libertad os hará verdaderos*».

Acerca de los griegos de la Antigüedad Kafka comentó admirado:

> Fueron capaces de pensar la divinidad suprema como algo no muy distante de ellos, la morada de los dioses era sólo un medio, lo decisivo para seguir habitando el cuerpo terrenal, el aire para que el hombre respire.

Aire para respirar

Intentemos de nuevo comprender la parábola *Ante la ley:* el campesino solicita entrar en la ley. Por *ley* entendemos normalmente lo que es válido para un amplio número de situaciones, personas o cosas, así como el esquema común vigente en una pluralidad de fenómenos. La ley convierte lo individual en universal. Ante la ley lo individual posee un significado meramente metafórico: *responde* a algo universal. Cuando un individuo cualquiera quiere entrar en la ley es porque evidentemente no soporta su individualidad. Busca una verdad que lo incorpore a un todo. La propia individualidad no tiene para él valor de verdad. El campesino es hegeliano, y esto es lo que lo pierde.

Para Hegel la individualidad era algo despreciable. Pergeñó para el individuo aquejado de individualidad el siguiente currículo: en primer lugar tiene que hacer carrera de la vana individualidad, la cual no contiene aún ningún concepto universal, transformándose en especialista. La particularidad de la especialización ya incorpora universalidad. El individuo socializado, aquel que toma parte en las tareas de la sociedad, por ejemplo, como agrimensor, al menos ha convertido su inútil individualidad en particularidad, pues el individuo trabajador es en sí mismo la realización de las leyes generales que rigen la vida de la sociedad. Pero quien desee adentrarse en el *castillo* de Hegel, es decir, quien desee pasar de lo individual a lo particular y de lo particular a lo universal, ha de ser filósofo o político, pues ambos poseen el «estatus de lo universal».

Los filósofos, al menos eso creen ellos, piensan las ideas universales que dan unidad al mundo. Los políticos —los del Estado hegeliano— mantienen el mundo unido con las ideas que a su juicio deben darle unidad. Me imagino al campesino como un hegeliano. Naturalmente, no hay que ser hegeliano para ser hegeliano. Basta con que no soporte su individualidad, con que considere necesario lo universal, lo válido para el colectivo, aquello que promete seguridad. En ese sentido, cualquiera es sospechoso de ser hegeliano.

Me imagino entonces que el campesino huye de la diáspora de su existencia. Desea adentrarse en la ley hegeliana (igualmente podría ser la ley judía, la ley del progreso imparable de la sociedad socialista o la ley de la comunidad del pueblo; podrían ser también las leyes universales que la metafísica postula para dar sentido a la existencia o las «leyes naturales» que me otorgan la certeza —¿consoladora?— de que todo en mí se rige por leyes).

El campesino busca refugio, al principio el guardián no le permite entrar, pero finalmente le confiesa: «A nadie se le habría permitido el acceso por aquí, pues esta entrada estaba destinada sólo a ti...».

El campesino, en busca de una ley universal, ha estado todo el tiempo sentado ante una ley equivocada: creía haberse sentado ante una ley universal y, sin embargo, se sentó ante la suya propia. Quien está bajo la sugestión de lo universal, quien quiere ser liberado en vez de liberarse a sí mismo, malogra la entrada sólo a él destinada. El guardián de la puerta no había mentido al decirle que no podía «dejarlo entrar». El acceso por una entrada destinada únicamente a uno sólo puede ser concedido o denegado por su destinatario.

Entendida así, *Ante la ley* es una parábola sobre la libertad, sobre las dificultades para encontrar la *propia* ley y sustraerse al poder de aquella ley *universal* que nos promete seguridad y *verdad*. Resulta casi superfluo recordar que semejante *libertad* es asimismo aterradora: tan aterradora como un «viento tempestuoso» que nos empuja a cobijarnos en la morada de las grandes leyes aparentemente universales. También puede ser al contrario: nuestra libertad nos vuelve tan ingrávidos y ligeros como para resistir el influjo de las *graves* sustancias del sentido socializador, de las ficciones colectivas de lo bueno y de lo verdadero.

La obra de Kafka puede leerse como un intento de resistirse a ese influjo. En ella se abre un proceso contra esos poderes que, estrictamente vigilantes, pretenden que huyamos de nuestra propia libertad. Kafka desvela la anatomía del poder. El poder sólo existe gracias a la imaginación colectiva. El poder del castillo se nutre de la médula de aquellos que no pueden imaginarse la vida sin el castillo.

El poder es un mito que Kafka pretende someter a examen. Se trata, pues, de una labor de zapa sobre el mito. El castillo exento de toda mistificación parece el cumpleaños de un niño, una granja de pollos o una fiesta de locos. El griterío proveniente de allí tiene algo «de alegría desatada», suena «como el júbilo de unos niños que hacen los preparativos para una excursión» o como «cuando se sale de un corral lleno de pollos». Uno de los funcionarios del castillo imita el canto del gallo. De las habitaciones proviene un ruido de sierras, hay un constante batir de puertas, se derraman bacinillas por los pasillos, se vuelcan carritos llenos de actas, las pilas de actas están colocadas frente a las puertas como los zapatos en Navidad. Un golpe de viento hace volar hojas sueltas a lo largo del pasillo. Una de esas hojitas podría ser la propia acta: este pensamiento sacude al agrimensor, quien, como siempre que está inmerso en una situación decisiva, ha de luchar contra el cansancio. En el instante en que la narración de Kafka despliega su intensa luminosidad y bajo esa luz el castillo parece un corral lleno de pollos, en el instante en que el poder de la narración kafkiana triunfa, sus protagonistas —el agrimensor K., el campesino, Josef K., Georg Bendemann y tantos otros nombres— sufren las derrotas más amargas; caen ante las fuerzas de las que el narrador se libera.

Sin duda, narrar es para Kafka un acto de liberación. Narrando se defiende de ser tragado por las potencias externas e internas que lo acechan. De la narración como acto de liberación trata la versión kafkiana del *Quijote* titulada *La verdad sobre Sancho Panza.*

> Sancho Panza, que por cierto nunca se jactó de ello, con los años, y a base de escribir en las horas vespertinas y nocturnas un montón de novelas de caballería y de bandoleros, hasta tal punto logró apartar de sí a su demonio, que llamó Don Quijote, que éste se lanzó sin freno a las más locas acciones, las cuales, por carecer de un objeto predeterminado que hubiera debido ser Sancho Panza, no dañaron a nadie. Sancho Panza, hombre libre, quizá por cierto sentido de la responsabilidad siguió impasible a Don Qui-

jote en sus andanzas, alcanzando con ello un grande y útil esparcimiento hasta el fin de sus días.

Incluso la propia obra puede llegar a constituir una amenaza para su autor. Pudimos comprobarlo con los ejemplos de Rousseau, Kleist y Nietzsche. Las imágenes que uno mismo proyecta pueden robarle la libertad a su autor. Kafka también escribió su versión del *Quijote* para conjurar ese peligro: el peligro de la fe ciega en la propia obra.

Hay que combinar las verdades con la ironía para poder soportarlas, o lo que es lo mismo, para poder seguir viviendo.

Una variación libre sobre la libertad

¿Qué buscamos cuando vamos en pos de la verdad?

Deseamos conocer algo que nos ayude a orientarnos en la realidad, que haga posible la libertad de movimientos con un mínimo de riesgo. Quien pregunta por la verdad ambiciona familiarizarse con el difícil terreno de la vida. Buscar la verdad implica estar preparado para toparse con determinados abismos. Una vez que se conocen esos abismos, el peligro de precipitarse en ellos disminuye. Es *esencial* en la búsqueda de la verdad seguir una reconfortante consigna: el restablecimiento de cierta seguridad, aunque sea provisoria. No se ha de partir de la premisa oculta de una armonía preestablecida —cosa que se ha hecho frecuentemente a lo largo de la historia—, si bien todo el que busca la verdad tiene como meta, manifiesta o secreta, cierta coincidencia entre él mismo y su mundo. Las expectativas vinculadas a la verdad pueden resumirse con esta fórmula: sólo la verdad nos hará libres.

Las verdades que buscamos pasan normalmente por ser algo real que ya existe y que, en cierto modo, está esperando a que lo *encontremos*. Las verdades de las ciencias naturales empíricas están constituidas por las regularidades observadas con la mayor precisión posible en los procesos naturales. Los propios científicos evitan el término *verdad,* lo cual no cambia en nada que socialmente sus descubrimientos sean tildados de «objetivos», que se consideren verdades, o que ellos mismos se beneficien, la mayoría de las veces despreocupadamente, del prestigio que la verdad otorga a su trabajo. Son precisamente los científicos quienes realizan un gran despliegue técnico-metodológico con el fin de evacuar de sus observaciones la acción del observador. Se trata de lograr una imagen lo más pura posible de la realidad, es decir, depurada de la subjetividad del observador. El científico pregunta y las *cosas* deben responder. Todo depende de la *aprobación de las cosas.* Las verdades deben encontrarse, no inventarse.

También las ciencias humanas apuntan a esas verdades que han de encontrarse y que, por tanto, existen con independencia del que las busca; en este caso lo buscado son las regularidades del desarrollo social, de la vida pulsional del hombre, de la historia, del proceso civilizatorio, de las costumbres. Escrutamos el sentido y el significado de determinados productos culturales como si fueran independientes del que los busca, como si *residieran* en esos productos.

Esta relación con la verdad se da también fuera del ámbito de las ciencias: la verdad es una cualidad de la realidad que hemos de desvelar. Semejantes verdades dan seguridad, incluso cuando sus descubridores han sido los especialistas y no uno mismo. La mayor parte de las veces la relación con la verdad se reduce a mera *fe en la verdad.* Creemos en la verdad que los especialistas descubren.

Actualmente está extendido entre los científicos que reflexionan sobre su trabajo algo que puede resultar casi trivial: *la verdad no es una cualidad de la realidad, sino de la relación que establezco con ella.* La realidad no es ni *verdadera* ni *falsa,* se limita a ser real. Sólo las interpretaciones de la realidad pueden ser tildadas de «verdaderas» o de «falsas». Se denominan «verdaderas» cuando parecen *ajustarse* a la realidad, en el sentido de que se cumpla lo previsto, de que las hipótesis reciban la *aprobación de las cosas,* de que un determinado cálculo procedimental dé el resultado esperado, etcétera. No obstante, la mayoría de las veces esta reflexión no se opone decididamente al convencimiento intuitivo de que la verdad se halla en las cosas y de que a ellas hemos de arrancársela para nuestro uso.

Si sólo se tratara de cosas... Pero lo cierto es que empleamos el mismo método para buscar nuestra propia verdad, nuestra *verdadera* naturaleza. Emprendemos la búsqueda como si esa *verdad* se encontrara oculta en nosotros esperando que la descubramos y tomemos posesión de ella. Recurrimos a todas las instancias posibles para que nos muestren cuál es nuestra verdadera naturaleza y a qué hemos de atenernos para que llegue a realizarse. También aquí impera la promesa: «La verdad os hará libres».

El psicoanálisis, por ejemplo, pretende ayudarnos con una verdad de estas características. Con su ayuda hemos de descubrir, bajo esa historia de nuestra vida que tenemos por cierta, la *verdadera* historia, una historia de lesiones y traumas, de deseos frustrados y asombrosas sublimaciones. Hemos de *descubrir* todas esas cosas, lo cual sólo es posible si alejamos de nosotros la sospecha de que quizá, con ayuda del análisis, nos las hemos *inventado.*

Con respecto a uno mismo, la confusión entre *descubrir* e *inventar* la verdad cobra formas dramáticas e incluso trágicas. Ciertamente, sólo podemos conceder autoridad a la verdad buscada si no abrigamos la sospecha de que la hemos preestablecido, elaborado, inventado.

Tememos caer en el pozo sin fondo de la imaginación subjetiva, reflejarnos en nosotros mismos, sin una orientación segura, sin el apoyo de una verdad sustancial.

Es el *miedo a la libertad* lo que provoca que creamos en una verdad independiente de nosotros mismos. No deseamos quedarnos a solas con nuestra verdad, preferimos desterrar la sospecha de que quizá nos la hayamos inventado.

Es evidente que cualquiera aspira a ser *libre;* libre de las presiones que limitan los deseos, que coartan el afán de movimiento, que restringen las posibilidades de decisión. Todos queremos liberarnos de las restricciones vitales no elegidas.

Pero la libertad implica soledad. En libertad experimentamos lo que significa ser un ente autónomo, responsable de uno mismo, lo cual puede acarrear una sensación de miedo e impotencia. La libertad disuelve los vínculos que garantizaban de manera inmediata una seguridad, vínculos cuya restitución se nos impone ahora como tarea que nosotros mismos debemos desempeñar. La libertad mina la autoridad de las verdades inmediatamente dadas e insta a crear, o, cuando menos, a elegir las verdades que dirijan nuestras vidas. Todo lo dicho se resume en una palabra: autodominio. El miedo a la libertad es el miedo al libre y arriesgado autodominio, a ser responsable de uno mismo. El miedo a la libertad es una protesta contra la exigencia de tener que ser un yo sumido en la precariedad y el aislamiento. El miedo a la libertad es miedo a la propia contingencia, a no ser necesario.

El miedo a la libertad ha generado un amplio repertorio de formas de pensamiento destinadas a ocultar el abismo de la libertad.

Tanto la metafísica antigua como la ciencia moderna

construyen un *ser necesario* en cuyo fuero interno no hay espacio para la libertad. La libertad queda reducida, como en la metafísica antigua, a un ser inferior que aún no ha encontrado el camino de vuelta al gran ser del orden; o bien, como en la ciencia moderna, a mero epifenómeno de la conciencia, a una ilusión. Precisamente en la modernidad, cuando el deseo de libertad ha cobrado tanta fuerza, el pensamiento dominante perpetra soterradamente un rapto de libertad a gran escala. Esa conciencia ávida de libertad parece estar más decidida que nunca a estudiar los factores sociales, naturales y psicológicos que determinan el comportamiento presuntamente libre y espontáneo. Desde la perspectiva científica no somos más que elementos socioeconómicos sometidos a cálculos estadísticos, procesos libidinales y esquemas biológicos de comportamiento. Semejante percepción no se restringe al ámbito especializado de las ciencias, también penetra en la conciencia cotidiana, lo cual hace posible la exención de responsabilidad en las propias acciones: no soy yo quien tiene la culpa sino la sociedad, mi primera infancia, mi naturaleza, etcétera.

Es, pues, obvio que el deseo de libertad supera con mucho al ánimo y a la capacidad para aceptar la responsabilidad que ésta conlleva. Deseamos ser libres para hacer lo que queramos, para dar vía libre a la satisfacción de nuestras necesidades, mas cuando las cosas empiezan a torcerse, cuando hay que cargar con las consecuencias, llega la hora de los discursos que niegan la libertad. Puede alegarse que tenía que suceder así, y que por tanto no cabe hablar de responsabilidad. Incluso se puede anteponer la excusa a la acción, al modo de una absolución preventiva con vistas al desastre. Por medio de la anticipación nos preparamos ya para *lo que aún no ha sucedido.*

Todo esto no es más que un conjunto de maniobras de ocultamiento de la propia libertad de acción. No menos ingeniosa resulta la ocultación de la propia libertad por medio del descubrimiento o invención de la verdad.

Platón era tan libre que pudo enfrentarse a los mitos colectivos gracias al tesón de su entendimiento. Era tan libre que creó todo un reino celestial de ideas con la fuerza de su pensamiento. Pero no pudo concebir sus verdades sin creer en su absoluta sustancialidad. Las ideas tuvieron que desembarazarse del oprobio de haber sido libremente creadas para poder llegar a ser esencias autónomas con validez universal. No se rebajaron a competir con los demás modelos filosóficos en pugna. Platón teme que la presencia cercana de otras verdades tenga un efecto relativizante. De ahí su enconado odio a esos «charlatanes» de los sofistas. De ahí también que sus fantasías utópicas sobre la sociedad prohíban la filosofía (al igual que la poesía) con el fin de poder instituir una única e irrefutable filosofía, la suya, como realización de una verdad desvelada, que no inventada.

Filosofemos por última vez, y luego, que la filosofía desaparezca en la cristalización de su realización efectiva: ésta es la lógica de Platón. Se trata de una lógica que podemos detectar con frecuencia en los procesos revolucionarios: el acto fundacional de la libertad crea un orden que inmediatamente intenta sofocar los siguientes actos libres.

El miedo a la libertad está emparentado con este proceso. Evidentemente, hay que haber hecho uso de la libertad para poder llegar a temerla.

Otro ejemplo: la Edad Moderna descubrió que se podía ser tan libre como para inventar a Dios. Pero no quiso contentarse sin una verdad absoluta y universal que sirviera de protección contra el poder de invención de la propia libertad. Unos bosquejaron las ideas definitivas a partir de la verdadera naturaleza humana, otros construyeron férreas leyes de la historia y, mientras, otros buscaron cobijo en las imágenes de una naturaleza regida por el más estricto determinismo. También éste es un capítulo en la historia del miedo a la libertad.

Miedo a la libertad fue igualmente lo que hizo que en las modernas y plurales sociedades de masas creciera la inclinación hacia la tentación totalitaria. Precisamente la pluralidad de verdades en competencia, obligadas a una mutua relativización, motivó un brote de pánico que trajo consigo amotinamientos fundamentalistas en torno a cada una de esas verdades, circunstancia por la que el siglo XX europeo se ha convertido en la era de las ideologías, del totalitarismo, del nacionalismo y del fundamentalismo.

Cuando tomamos conciencia de que en cada desvelamiento de la verdad y —consecuentemente— en cada decisión de importancia interviene la libertad, descubrimos en nosotros mismos un poder generador de verdad. El descubrimiento de la libertad abre la inquietante perspectiva de un relativismo en el ámbito de la verdad. A partir de aquí nos resulta imposible seguir apoyándonos en verdades absolutas. Ya no vale la consigna «La verdad nos hará libres», sino: «La libertad nos hará verdaderos».

En la experiencia de la libertad desaparece la mistificación del yo de corte universalista. La experiencia de la libertad nos hace libres para afrontar el auténtico misterio: el individuo, el cual no coincide, por distinto y por más complejo, con esa verdad que pretende representar al común de los hombres. Karl Popper ha escrito:

> Pues es el individuo concreto, singular y único, inacotable por métodos racionales [...], la unicidad de nuestra expe-

> riencia, lo que hace [...] que la vida merezca ser vivida: la experiencia única de un paisaje, de una puesta de sol, de la expresión de un rostro humano. Pero desde los días de Platón viene siendo característico de algunos tipos de misticismo trasladar a otro dominio ese sentimiento de irracionalidad propio del individuo y de las relaciones entre individuos.

Ese otro domino es el constituido por los conceptos generales y abstractos: el alma del pueblo, la conciencia de clase, el espíritu objetivo, la ley de la historia; todos esos grandes modelos de verdad en los que huyendo de la propia libertad quisiéramos desaparecer.

Es propio de ese misterio de lo individual pretender utilizar el campo de acción de la libertad para crearse a uno mismo. En la creación de uno mismo fungen de patrón las verdades que hemos ideado para ello, las verdades que hemos elegido para dar forma a nuestra propia vida.

Pero también la creación de uno mismo, que es siempre un inventarse a uno mismo, puede llevarse a cabo de tal manera que la libertad se pierda. Es posible que la libertad se pierda por causa de las propias creaciones e invenciones. El «aire para respirar» del que hablaba Kafka también se necesita frente a la propia obra, las propias ideas y convicciones, las propias ilusiones, el propio pasado, las propias acciones. El «aire para respirar» también es necesario para que no nos quedemos encerrados en el calabozo de las imágenes que proyectamos de nosotros mismos. La misma libertad que crea imágenes puede liberarnos de la prisión de nuestras imágenes.

La libertad es una protección contra la devastación de la vida inducida por una falaz *demanda de ser consecuente*. El pensamiento debe consumarse en la acción, exigen los consecuentes, *ser consecuente y vivir conforme a la verdad conocida*. La demanda pretende convertir la vida en una unidad homogénea. Una vida de una sola pieza. Pero el pensamiento es ya en sí mismo una acción, un dar forma, un producir. Ya es parte integrante de la realidad por mí configurada. Si bien, siendo *real* no ha sido aún *realizado*. Hay verdades del pensamiento que es mejor que no lleguen a realizarse. Las *verdades* del Nietzsche dc la última etapa pertenecen a este grupo. El pensamiento no realizado, en el sentido que aquí se maneja, es comparable a pintar un cuadro: en él sin duda me expreso, pero no pretendo desaparecer en él.

La demanda de ser consecuente, con su pretensión de incluir lo pensable y lo vivible en una unidad libre de contradicciones, puede desembocar en una depauperación o en una devastación de la vida. La vida se *depaupera* cuando, atendiendo a la demanda de ser consecuentes, sólo nos atrevemos a pensar aquello que podemos vivir. Y como vivir es siempre convivir y la convivencia se rige por el consenso y el compromiso, tendremos que imponer a nuestro pensamiento todos los compromisos y acuerdos contraídos en lo social. De este modo se llega a una situación paradójica: nadie es uno mismo, cada cual es igual al otro. La vida queda *devastada* cuando, atendiendo a la demanda de ser consecuentes a cualquier precio, incluso al de la destrucción, pretendemos vivir algo por el mero hecho de haberlo pensado.

En el primer caso la vida se depaupera por faltarle el pensamiento; en el segundo, la vida queda devastada por la violencia del pensamiento.

Saber vivir consistiría en ser capaz de mantener una separación entre lo pensable y lo vivible para que pensamiento y acción hallen respectivamente justicia, es decir, que ambos puedan desarrollarse en la vida en la medida de sus posibilidades. Decía Spinoza: «Sólo cuando no puedo hacer nada puedo pensarlo todo».

Dando por hecho que hay que resguardar el pensamiento radical de los compromisos adquiridos en el ámbito de la acción a la par que dichos compromisos del pensamiento radical, no hacemos otra cosa que postular la renuncia a ser consecuentes.

En el poema «Abandonó la casa», Gottfried Benn pregunta: «¿Puedes seguir a tu yo, / como para llegar a ver lo peculiar necesario?». Las dos últimas líneas del poema dan casi una respuesta a esa pregunta: «Las voces graznan y las palabras se burlan. / Abandonó la casa y concluyó la *rêverie*».

Alguien se niega a permanecer en la casa que ha llenado con sus *rêveries,* con sus ensoñaciones. La abandona, quiere volver, pero a su debido tiempo. Se deja llevar por lo «peculiar», pero no cae en su cautiverio. Vuelve al aire libre.

Decide vivir en dos mundos. En el fragmento autobiográfico *Doble vida* escribe Benn: «Lo que vive es otra cosa que lo que piensa, éste es un hecho fundamental de nuestra existencia que tenemos que aceptar».

Sólo en una ocasión, en un momento funesto de su vida, Benn no aceptó este hecho. Fue cuando por un breve lapso de tiempo, hastiado de la civilización, creyó ver realizado su sueño del mundo arcaico en la revolución nacionalsocialista. En la primavera de 1933 no hay para él separación alguna entre lo pensable y lo vivible. En ese momento ve como el sueño de sus poemas —el retorno a la era arcaica— irrumpe en la escena política. Surge algo que logra sacarlo de las fantasías solitarias de su poesía («Me descompongo / estoy cerca del fin / entre ruinas y balas / una hora solemne surge allí»), algo que parece prometer una «hora solemne» ahí fuera, en la escena política. En el verano de 1933 Benn le escribe a Klaus Mann:

> Hay momentos en los que toda esta vida atormentada se disipa y ya no queda nada salvo la llanura, la extensión, la temporada, la tierra, palabras sencillas: (el) pueblo. Es entonces cuando me pongo a su disposición...

Martin Heidegger emprende el mismo camino que Gottfried Benn. La revolución parda también supone para él, durante un tiempo, la disolución de la diferencia entre lo pensable y lo vivible.

Heidegger pretendía superar el olvido del ser en el pensamiento. Cuando accedieron al poder los nacionalsocialistas creyó asistir a la vuelta del ser a la realidad. El filósofo decidió entonces erigirse en apóstol de dicho regreso. Un filósofo se asigna un papel en el ámbito del pensamiento y le llega la hora de escenificarlo en el teatro del poder. Un drama aterrador: la verdad, como siempre que toma el poder, se torna amenazante.

Hay, por tanto, razones suficientes para mantener vigente la separación entre lo pensable y lo vivible. Es, empero, la reflexión lo que hace posible ese saber vivir inspirado en la distinción de los dos ámbitos, una reflexión que protege al pensamiento de la tentación de tomar el poder.

Esta reflexión procede de la experiencia de la libertad. Dicha experiencia nos enseña que las verdades son necesarias, pero que igualmente necesario es encontrar su justa medida. Precisamos de una soberanía dotada de cierta ironía y distanciamiento, pues, si ya es grande el riesgo de que se vuelva víctima de sus propias verdades, el peligro es mucho mayor para la vida de los demás cuando ésta irrumpe en la vida social armada con sus verdades sin la dosis adecuada de ironía y distanciamiento.

La mayoría de las veces estos peligros pasan inadvertidos, ya que al imponer nuestras verdades queremos lo mejor para los otros, para la sociedad. Quien pretende realizar sus verdades en el ámbito social pertenece por lo general a ese tipo de gente que desea nuestro *bien,* que no sólo se preocupa por su propia vida sino también por la del pueblo, por la de una clase social o incluso por la de toda la humanidad. Con esas premisas surgió en el siglo XIX el movimiento socialista. La arrogancia hizo que los socialistas afirmaran estar en posesión de dos verdades fundamentales: la verdad de la alienación y la verdad de la salvación.

Hasta el momento, enseña la doctrina socialista, a juzgar por las instituciones sociales, la economía y todo lo relacionado con la cultura, el hombre ha demostrado a lo largo de la historia poco talento organizador. Desde su perspectiva, la historia universal se revela como la historia de un autoenajenamiento expresado bajo la forma de la explotación económica, la miseria física, las guerras y la destrucción de los recursos tanto naturales como artificiales.

A la verdad de la alienación el movimiento socialista opuso la verdad de la salvación. Ésta no puede provenir de un nuevo evangelio espiritual, sino de un plan de acción objetivo y práctico: la vida económica y social debe ser reconstruida conforme a nuevos principios.

Esa superación de la alienación ofrece como resultado una mejora de las condiciones de vida externas, además de una nueva conciencia; dado que, por lo visto, el ser determina la conciencia y el ser es aquí entendido como una estructura socioeconómica, habría que reestructurarlo para que se diera un ulterior cambio en la conciencia. Pero la reconstrucción de la sociedad presupone ya la existencia de esa nueva conciencia en una elite que se cree en posesión de esas dos verdades fundamentales. Esa elite se erige en representante de los intereses de la especie; los otros muchos intereses en pugna dentro de la sociedad se miden con respecto a los de la especie: en ningún caso pueden arrogarse el mismo valor de verdad, pues son en sí mismos mera expresión de la alienación que debe ser superada conforme a los intereses de la especie. Quien cree representarlos se excluye de la sana competencia mantenida por el resto de las verdades y los intereses: está por encima. Esa vanguardia que dice representar los intereses de la especie no se conforma con un programa de perfeccionamiento, sino que pretende conducir a la sociedad al completo a su salvación; ese *estar por encima* no puede quedarse en mera valoración propia, los demás han de reconocerlo. Por lo general, esto no sucede voluntariamente, por eso el poseedor de la verdad no tiene más remedio que emplear el poder y la violencia; por el bien de la sociedad y de la especie, se entiende.

Siempre que se ha intentado salvar a la humanidad por medio de grandes verdades ha sido con buena intención. El bienintencionado proyecto del socialismo histórico está hoy en día a punto de derrumbarse, pero no puede decirse que la búsqueda de las grandes verdades, de la verdad única y salvadora, haya terminado.

Al contrario: la actual situación histórica, marcadamente problemática, ligada a la sensación de casi no tener tiempo para lentas maniobras de equilibrio de intereses, es un caldo de cultivo propicio para nuevas verdades fundamentalistas que con bienintencionada impaciencia —¡Ya no nos queda tiempo!— y con voluntad de tomar el poder —¡No podemos esperar a que la conciencia sufra una transformación!— aguardan a ser nuevamente enarboladas.

Las verdades de cuño fundamentalista pretenden convencernos de que nuestra vida se sustenta sobre un falso fundamento y de que, de no cambiarlo por otro, está abocada inexorablemente a la catástrofe. La verdad fundamentalista en su forma actual reza: orientamos nuestra vida hacia el *tener* en vez de hacia el *ser,* ansiamos tener más y más rápido, anhelamos tener de todo y ante todo. La expresión de esa ansia de posesión es el consumismo imperante en las sociedades industriales. Más allá de la necesidad, es el ansia de tener más lo que agudiza el ingenio. Una monstruosa productividad destruye el planeta. La historia de las modernas sociedades industriales se presenta desde esta perspectiva como un extravío, como un proyecto fallido de la humanidad: fallido por haber sido erigido sobre un fundamento erróneo, fallido por carecer de verdad. Este fundamentalismo nos enseña que la verdad reside en el ser y no en el tener.

El espeluznante escenario que bosqueja el nuevo fundamentalismo de la salvación de la especie probablemente sea bastante realista. Pero no menos espeluznante y peligrosa resulta una política de la verdad que toma el descubrimiento del ser verdadero y la liberación del afán de tener como gran proyecto sociopolítico.

El nuevo fundamentalismo afirma que el hombre huye de sí mismo aferrándose a las cosas que codicia poseer. Pero ¿qué entiende por el ser del hombre? El fundamentalista parece encontrar la respuesta entendiendo la humanidad en la singularidad de la especie y no en su pluralidad. Pero como no existe *el* hombre sino *los* hombres, ese ser al que debe regresar se dispersa en una pluralidad inabarcable: cada cual tiene su ser.

Los problemas que en el futuro hay que resolver en interés de la supervivencia de la humanidad son universales. Eso es evidente. Pero ¿es igualmente universal la verdad que el fundamentalista reserva para el hombre? Eso es más difícil de aceptar. El hombre es libre para descubrir su verdad; por eso hay un número infinito de verdades.

Cuanto más concretas e individuales son, más íntimamente ligadas están al proyecto vital y a la historia del individuo. No obstante, cuanto más individuales son las verdades, más violento ha de ser —para los otros— el intento de socializarlas y de politizarlas.

Las verdades pueden resultar ya violentas cuando el individuo se las impone de manera totalitaria, cuando con su ayuda pretende convertir su vida en un bloque compacto. Ya en su interior el individuo experimenta que una parte considerable de su vida es, digamos, resistente a la verdad, y que debe protegerla de la autoimpuesta exigencia de transparencia. ¡Cuánto más grande será el peligro de que el intento de introducir políticamente esas verdades en la sociedad desemboque en la violencia! La socialización de la verdad exige que ésta posea validez universal. Si se quiere evitar la violencia en el proceso de socialización de las ideas no hay más remedio que renunciar a universalizar las verdades concretas e individuales; los proyectos, las invenciones, las creaciones de los filósofos y de los poetas, por su alto grado de singularidad, difícilmente son susceptibles de semejante socialización, aun cuando ellos las hayan experimentado en sí mismos. Así lo prueban los ejemplos de Rousseau, Kleist, Nietzsche, Benn o Heidegger.

La historia, especialmente la de Alemania, nos enseña lo peligroso que puede llegar a ser hacer política con las verdades de los filósofos y los poetas; verdades como las del platonismo, las de la metafísica, las del romanticismo, las de Hegel, Nietzsche o Spengler trasladadas a la política han ocasionado estragos. Son necesarias en política, por el contrario, las ideas que, dicho filosóficamente, se ciñan a lo trascendental para la convivencia, es decir, que se refieran exclusivamente a las *condiciones de posibilidad* de una convivencia libre y pacífica. Se trata de universales que hacen abstracción de todas las verdades concretas elegidas o inventadas por el individuo para confeccionar su propia vida, y que garantizan las condiciones externas de la libertad así como una protección frente a los violentos abusos de las verdades de los otros.

Lo que necesitamos es una política de verdades insípidas; una política que no ambicione dar sentido a la existencia; una política sin alma que quizá consiga arrebatársela a los ciudadanos; necesitamos una política que permita al individuo buscar su verdad, sin el *pathos* de una filosofía de la historia ni el trémolo de una visión del mundo. Una política que en virtud de esa parquedad tan útil para la vida pueda llegar a resultar aburrida, insignificante incluso; tan insignificante y corriente como nuestros intereses cotidianos, cicateros y egoístas, que la política ha de esmerarse en integrar en un equilibrio razonable tanto entre ellos como con los principios básicos de la vida.

«Cada cual constituye en sí la humanidad», afirmaba Schiller. Tenía razón: las grandes verdades deben ser personalizadas. La política es la negociación del restablecimiento de la paz en el campo de batalla de las verdades, restablecimiento que no puede ser guiado por ninguna verdad trascendente salvo por aquella que garantice unas condiciones de vida dignas para el hombre. Su contribución capital ha de ser la vigilancia del respeto a las reglas del juego que permiten a cada uno descubrir o incluso inventar su verdad vital. La verdad elemental de la política debería consistir precisamente en esas reglas.

Deberíamos ser tan libres como para poder vivir simultáneamente en dos mundos y poder dar validez a dos ámbitos de verdad separados.

El primer ámbito es, llamémoslo así para simplificar, el cultural. En él se inscriben las invenciones y creaciones individuales así como las interpretaciones del mundo y los grandes proyectos cósmicos; resumiendo: todo aquello que tenga que ver con dar sentido a una existencia carente de él. Dicho ámbito es tan fantasioso, creativo, metafísico, experimental, entusiástico y abismal como siempre ha sido. No ha de someterse a consenso ni ser útil para la sociedad, ni siquiera tiene que estar al servicio de la vida. Puede incluso consistir en el deseo de muerte. Todo vale. Si bien, si no se quiere acabar siendo víctima de las propias entelequias, tendrá que mediar la ironía y el distanciamiento, es decir, la libertad.

El otro ámbito de verdad incorpora el reconocimiento de la insuperable alteridad del otro y el respeto por su libertad, por lo que puede denominarse político. Este ámbito de verdad ha de someterse a consenso, debe ser razonable, objetivo, prosaico, pragmático y ha de estar al servicio de la sociedad y de la vida.

El ámbito de verdad cultural puede llegar a ser trascendente, el político está obligado a ser trascendental.

La cultura puede lanzarse en busca de lo trágico, del sufrimiento más intenso; la política debe, por contra, partir del principio de eliminación o atenuación del dolor. En la cultura a menudo entra en escena el deseo de violencia; en política la violencia debe ser evacuada; la cultura no aspira a la paz sino a la pasión, por el contrario, para la política la paz es un deber; la cultura anhela amor y salvación, la política se preocupa, en cambio, por la justicia y el bienestar.

Necesitamos las verdades intrépidas de la cultura a la par que las frías y útiles verdades de la política. De no mantener separadas ambas esferas corremos el peligro de padecer una política intrépida o una cultura insípida o, en el peor de los casos, ambas.

Ambas verdades, la *cultural* y la *política,* deben permanecer separadas, mas no bajo la forma de la división del trabajo. Cada uno debería ser capaz de mantener esa separación, de manejarse en dos ámbitos de verdad. Vivir en dos mundos con distintos ámbitos de verdad; sentir la intensidad de la vida sin renunciar a la arriesgada empresa de vivir en sociedad. En eso consistiría saber vivir.